A VERDADEIRA MOTIVAÇÃO NA EMPRESA

Dicas para clima e
cultura motivacionais:
- A psicologia da motivação;
- A influência dos líderes;
- O poder do elogio;
- As campanhas internas.

Silvio Broxado

A VERDADEIRA MOTIVAÇÃO NA EMPRESA

Dicas para clima e cultura motivacionais:
- A psicologia da motivação;
- A influência dos líderes;
- O poder do elogio;
- As campanhas internas.

QUALITYMARK

Copyright© 2008 by Silvio Broxado

Todos os direitos desta edição reservados à Qualitymark Editora Ltda.
É proibida a duplicação ou reprodução deste volume, ou parte do mesmo,
sob qualquer meio, sem autorização expressa da Editora.

Direção Editorial SAIDUL RAHMAN MAHOMED editor@qualitymark.com.br	Produção Editorial EQUIPE QUALITYMARK
Capa RENATO: ARTE & ARTISTAS	Editoração Eletrônica QUALITYMARK

CIP-Brasil. Catalogação-na-fonte
Sindicato Nacional dos Editores de Livros, RJ

B899v
2.ed.

   Broxado, Sílvio
   A verdadeira motivação na empresa; entendendo a psicologia organizacional e dicas para a motivação no dia-a-dia das empresas/Sílvio Broxado. 2.ed. – Rio de Janeiro: Qualitymark Ed., 2008.
   160p.

   Anexos
   Inclui bibliografia
   ISBN 978-85-7303-767-8

   1. Motivação no trabalho. 2. Motivação (Psicologia). 3. Comportamento organizacional. I. Título.

08-1274

CDD 658.314
CDU 658.310.13

2008
IMPRESSO NO BRASIL

Qualitymark Editora Ltda. Rua Teixeira Júnior, 441 - São Cristóvão 20921-405 – Rio de Janeiro – RJ Tel.: (0xx21) 3295-9800 ou (0xx21) 3860-8422	Fax: (0XX21) 3295-9824 www.qualitymark.com.br E-Mail: quality@qualitymark.com.br QualityPhone: 0800-263311

Dedicatória

Dedico este trabalho a todos os meus amigos de trabalho, a todos os mestres dentro e fora do Brasil e a todos os lugares onde obtive inspiração para relacionar todas as idéias.

Dedico também aos meus pais, José Ribamar e Joanisse, aos meus irmãos Márcia, Riba e Lúcia, pela força espiritual que me deram.

E, por fim, à minha esposa, Fabíola, por sua paciência, pelo seu afeto, total comprometimento e vivência comigo nos momentos mais difíceis e mais prazerosos, antes e durante o processo de elaboração deste livro; e à minha filha Yasmin, que, com seus seis aninhos, deu-me um tempero novo para a 2ª edição.

Apresentação

Percebemos, nas páginas deste livro, a preocupação do Sílvio Broxado em alertar o leitor para as questões mais relevantes que envolvem as relações empregado-empresa, a partir da Teoria das Necessidades Humanas, de Maslow. Isso não significa que seja uma obra conceitual; é, sim, um elo entre aspectos teóricos e as experiências vividas pelo autor em sua carreira como executivo de grandes empresas.

Um dos destaques do trabalho diz respeito à ênfase atribuída às desigualdades existentes nas empresas no plano do dinheiro, do poder, da inteligência, do status, mas que desaparecem diante da busca de objetivos comuns. Essa busca, impulsionada por mecanismos não-manipuladores, mas autênticos e sinceros de motivação, leva à vitória e a conquistas muitas vezes surpreendentes.

Todas as suas abordagens têm como pano de fundo a necessidade de ser revista a cultura organizacional ainda hoje existente em algumas organizações. Uma revisão que vai do antigo conceito de que o sucesso era conseguido na medida em que a empresa adotava na sua prática o binômio "dominantes e dominados" ao atual conceito de que o desenvolvimento empresarial depende, prioritariamente, da transformação dos sonhos dos empregados e dos patrões em realidade.

O livro fornece um punhado de infalíveis dicas de como administrar para fazer explodir a motivação dentro da empresa. E nos aponta o sentido do trabalho humanizado, por isso mesmo revestido da excelência de qualidade e produtividade que todos nós almejamos.

Fernando Azevedo
Diretor do Gape (Gabinete de Psicologia Empresarial) – Recife

Prefácio

Nesses últimos cinco anos, o mundo mudou muito desde a primeira edição do livro. O presidente do Brasil é um ex-operário, não existia Ipod, Skipe, Google, Joost, celulares com tantas incríveis funções. Muita gente ainda não havia ouvido falar no gênio pernambucano Silvio Meira, cientista-chefe do milionário projeto de softwares em Recife, chamado CESAR, e professor da UFPE.

O outro gênio paraibano-pernambucano, Ariano Suassuna, nunca foi tão reconhecido e suas obras, exaltadas. O Magazine Luiza não tinha 354 lojas. Peter Drucker nos deixou, o consultor indiano C.K. Pralahad tornou-se a maior referência mundial e o super CEO da General Electric, Jack Welch, finalmente aposentou-se.

Eu, Silvio Broxado, não havia palestrado para mais do que algumas turmas de empresas de amigos. Hoje já somamos mais de 100.000 pessoas nos nossos cursos, palestras e *workshops*.

A Bovespa nunca teve tantos jovens aplicadores abaixo de 40 anos que hoje somam 64% das pessoas físicas, o reflexo da sustentabilidade da economia e da diminuição do risco Brasil. A Gol não existia e a Varig era a líder. E não se falava tanto em inclusão social, defesa do meio ambiente e na dimensão dos biocombustíveis com o Brasil capitaneando o mercado. A moeda Real finalizou a fase ilusionária de ganhos inflacionários e transformou a competitividade no Brasil em um capitalismo sério e confiável. Mulheres cada vez mais no poder: Maria Fernanda Coelho – Presidente da Caixa Econômica – e a jurista Helen Grace, que foi Presidente do Supremo Tribunal Federal (STF) por dois anos.

Também não havíamos visto tantas ações da Polícia Federal em conjunto com a Receita e Controladoria da União e estados, caçando e cerceando tamanha corja de ladrões, políticos e empresários desonestos, corruptos e corruptores. É mensalão, é operação navalha, sanguessugas, xeque-mate e tantas outras violências entre os gabinetes de uma parcela nojenta de empresários e políticos, contra o país e a nação.

Por isso, mais do que nunca, agora temos de falar em motivação nas organizações sem blá-blá-blá, mas de forma prática e objetiva. Tenho certeza de que assim aprenderemos a reter, a incentivar, a reconhecer talentos comprometidos, para, dessa forma, melhorar resultados e aumentar a satisfação profissional, em uma cultura que promova a meritocracia e a justiça social tanto nas empresas quanto nas famílias.

Maravilhosa leitura e eficaz aplicação das sugestões já aqui apresentadas, defendidas e testadas para que consigamos produzir e ganhar mais dinheiro, se este for o caso.

Silvio Broxado

Índice

Introdução _____ 1

Capítulo 1 – Abordagem Psicológica da Motivação Humana _____ 3
   1.1. Como a Psicologia Conceitua a Motivação _____ 5
      1.1.1. Definição _____ 5
      1.1.2. Conseqüência da Motivação: o Comportamento ____ 6
      1.1.3. A Importância da Motivação Organizacional _____ 6
   1.2. Condicionar não é Motivar: a Abordagem Behaviorista _____ 8
      1.2.1. Qual a Conseqüência desse Condicionamento? ____ 10
      1.2.2. Condicionar nas Organizações _____ 11
   1.3. Tópicos do Ato de Motivar (Condicionar) nas Empresas
      sob a Visão Behaviorista _____ 13
   1.4. Motivação Interna: a Motivação Verdadeira _____ 15
   1.5. Motivação: a Abordagem Cognitiva e Psicanalítica _____ 17
   1.6. Motivação na Abordagem Humanista _____ 19
   1.7. Tópicos do Ato de Motivar nas Empresas sob a Visão
      Humanista _____ 23

Capítulo 2 – Falando sobre Cultura Organizacional _____ 27
   2.1. Visão Geral Atual da Recente Relação
      Indivíduo x Empresa _____ 29
   2.2. Abordagem da Cultura Organizacional _____ 34
   2.3. ...Então, Assim Sendo, Cultura Organizacional é... _____ 44
   2.4. Tipos Básicos de Cultura Organizacional _____ 48
   2.5. Quem tem Cultura Organizacional Forte, por aí? _____ 51

Capítulo 3 – A Motivação na Prática 57
  3.1. O que é Motivar, na Prática, Dentro da Empresa 58
  3.2. Quem Queremos Motivar Dentro da Empresa? 60
  3.3. Quais as Causas mais Importantes para Motivação no Dia-a-Dia das Empresas? 64
  3.4. O que as Empresas Fariam de Imediato e em Médio Prazo para Elevar a Motivação? 73
  3.5. Recompensas Monetárias e Não-Monetárias para Motivação 78
  3.6. Como se Pode Iniciar um Projeto Básico de Motivação? 81
    3.6.1. Características de um Projeto Motivacional Baseado no Modelo Behaviorista 82
    3.6.2. Características de Projeto Motivacional Baseado em Cultura, Valores e Perfil Pessoal 83
    3.6.3. Avaliação da *Performance* das Empresas após a Implantação de Projetos Motivacionais 83
    3.6.4. Esboço de um Programa Motivacional na Organização para Empresas Sigma 1 e 2 84
  3.7. Motivação Através do Poder do Elogio e da Meritocracia 90
    3.7.1. A Visão Bioquímica do Elogio 92
    3.7.2. A Visão Religiosa do Elogio 94
    3.7.3. A Visão Sociológica do Elogio 96
    3.7.4. A Visão do Elogio no Ambiente de Trabalho 103
    3.7.5. Os Tipos de Elogio e o Não-Elogio (a Humilhação) 114
    3.7.6. O que é Assédio Moral? 121
  3.8. Quando Chegarmos no Final ou Alcançarmos o Objetivo, qual Será a Ética Praticada até lá? 129

**Capítulo 4 – T'aichi T'u ou Diagrama do Supremo
Fundamento da Harmonia** ———————————————— 131
    T'aichi T'u ———————————————————————— 132
Anexos ———————————————————————————— 133
    Anexo I – Dicas para Empregado e Empregador ————— 134
    Anexo II – A "Consciência" da Motivação ————————— 135
    Anexo III – A "Consciência" da Motivação dos Empregados —— 136
    Cursos, *Workshops* e Projetos ———————————————— 137
    Bibliografia ——————————————————————————— 141

Introdução

Chegamos a um ponto das mudanças sociais, tecnológicas e econômicas que não há como adiar ou deixar de tratar de frente e melhorar as relações do Capital x Trabalho. A *performance* das organizações em busca de se manterem competitivas atualmente vai muito além da eficácia dos serviços e dos produtos em si. Passa também, de forma primordial, pela motivação pessoal e profissional de todos os colaboradores em todos os níveis hierárquicos em todas as áreas. Paremos de falar de motivação como se fosse uma tendência organizacional ou uma moda passageira. No âmago dessa discussão, existem conceitos que são diferentes: O que é condicionamento? O que é motivação? O que são programas periódicos e sazonais? O que são programas de conceitos permanentes baseados em Crenças, Valores, Visão e Missão da Organização?

Sendo assim, o Capítulo 1 do livro faz uma abordagem sobre as teorias da motivação das escolas Behaviorista, Estruturalista e Humanista da Psicologia, aderindo às suas ideologias e aos seus conceitos, à prática de programas e projetos motivacionais, dentro do atual cenário organizacional brasileiro. Daremos enfoque à teoria da Motivação Humana, de Abraham H. Maslow, acoplando um questionário de diagnóstico baseado nessa teoria, para identificação das necessidades dos indivíduos nas empresas. Nessa pesquisa, a análise é feita por setor, por tempo de serviço, por nível de educação (ensino médio, fundamental, superior e cursos técnicos), assim como por nível salarial. Estratificaremos na pirâmide de Maslow o perfil de um empresa e de seus colaboradores.

No Capítulo 2, enfocaremos o cenário organizacional, abordando a importância da adoção por parte de todos da empresa, do mais alto escalão ao mais baixo, da completa vivência, no dia-a-dia da empresa, da Visão, da Missão, das Crenças e dos Valores. Traçamos um paralelo com experiências de empresas que se mantêm no topo de mercado no seu ramo específico, descrevendo as ações, as crenças, os valores, a visão e a missão de cada uma delas, referendando o tipo de cultura organizacional existente. E, por fim, apresentamos um modelo de gestão de cultura organizacional baseado no modelo MBV – *Managing By Value* (Administrando por Valores), do consultor norte-americano Kenneth Blanchard.

O Capítulo 3 traz dicas de como implementar na prática e de imediato uma cultura e um clima organizacional de motivação em uma empresa, ancorados na minha própria vivência nesses 15 anos de carreira profissional e nos relatos e experiências de outras pessoas e organizações.

O Capítulo 4 compõe-se de anexos que resumem toda a ideologia deste livro em testes sobre a consciência da motivação para empresários e funcionários, com dicas e diagramas.

Capítulo 1

Abordagem Psicológica da Motivação Humana

Sou motivado quando sinto desejo, ou carência, anseio ou falta. Ainda não foi descoberto qualquer estado objetivamente observável que se relacione diretamente com essas informações subjetivas, isto é, ainda não foi encontrada boa definição comportamental de motivação.

Maslow, Introdução à Psicologia do Ser, p. 48 – 1968.

A Verdadeira Motivação na Empresa

O enredo e a ação dos protagonistas do folclore do bumba-meu-boi, lembram muito as metas das empresas: gente unida em torno de um objetivo comum.

1.1. Como a Psicologia Conceitua a Motivação

Muito freqüentemente, as pessoas não fazem aquilo que lhes pedimos, simplesmente, porque elas não querem fazer esse tipo de trabalho. A motivação é uma força que se encontra no interior de cada pessoa e que pode estar ligada a um desejo. Uma pessoa não pode jamais motivar outra, o que ela pode fazer é estimular a outra. **A probabilidade de uma pessoa seguir uma orientação de ação desejável para determinado fim está diretamente ligada à força de um desejo próprio da pessoa.**

1.1.1. DEFINIÇÃO

Estudar motivação significa buscar respostas para perguntas complexas a respeito da natureza humana. Para reconhecermos a importância das pessoas nas organizações, precisamos compreender os porquês dos comportamentos passados, mas, principalmente, quando já é possível prever, mudar ou controlar os comportamentos futuros[1].

No dicionário **Aurélio**, a palavra "motivar" significa dar motivo a, causar, expor o motivo. E o sinônimo da palavra motivação é causa, razão, fim e infinito. Logo, a palavra "motivação" vem da palavra *motivo* mais o sufixo *ação,* que quer dizer movimento, atuação ou manifestação de uma força, uma energia, um agente.

Os motivos podem ser externos às pessoas, ou internos, derivados dos instintos, forma inconsciente ou dos desejos criados, forma consciente. **Assim, colocadas essas idéias, pode-se entender que a motivação é um impulso que vem de dentro, isto é, que tem suas fontes de energia no interior de cada pessoa. E os impulsos externos do ambiente são apenas condicionantes.**

---

[1] Cf Montenegro, Devaldo. Material Didático do Curso de Relações Organizacionais. Escola Técnica Federal de Pernambuco – ETFPE, p. 2, 1998.

1.1.2. CONSEQÜÊNCIA DA MOTIVAÇÃO: O COMPORTAMENTO

A conseqüência de um indivíduo motivado a algo é o seu comportamento. Todo comportamento é caracterizado por ações, e comer é um comportamento, pedir é um comportamento, enfim, tudo que fazemos é um comportamento. A unidade básica do comportamento é a ação. Ou seja, um comportamento, normalmente, é composto por uma série de atividades. Assim sendo, por que pessoas mudam de atividade? Por que, às vezes, deixamos de fazer uma coisa e passamos a fazer outras? Para compreender isso, precisamos saber as necessidades e motivos que provocam determinadas atividades.

É evidente que todo desempenho supõe que duas condições sejam atendidas:
- que seja capaz de executá-lo – *Aptidões*;
- que se tenha vontade – *Motivação*.

Motivação é, em última análise, caracteristicamente, uma distribuição do tempo disponível.

1.1.3. A IMPORTÂNCIA DA MOTIVAÇÃO ORGANIZACIONAL

A motivação como tópico deixa de ser um conceito científico para ajudar a entender o homem na sua constituição individual e se transforma em uma ferramenta prática para influenciar o comportamento do indivíduo dentro e fora das Organizações[2].

A administração foi profundamente influenciada pela escola *Behaviorista,* comportamentalista, durante quase todo o século XX, que considerava o indivíduo como impossível, vergado diante do poder, das variáveis contidas no ambiente de trabalho, transformando-o em vítima ou pura conseqüência dele. Agora, não! Antes de qualquer coisa, há que se conhecer em maior profundidade onde reside a motivação humana, deixando claro que o homem tem liberdade e não abdica da sua dignidade de Ser Humano. Além disso, ainda hoje, nesse tempo de globalização, muito freqüentemente, é esquecido como o indivíduo fundamentalmente funciona. Esquece-se que, no interior da sua atividade nas Organizações, a pessoa, o trabalhador, seja em que nível for, põe

---
[2] Bergamini, Cecília W. *Motivação*. São Paulo: Atlas, p. 25, 1993.

em jogo sua capacidade individual e responde a necessidades específicas, que são diferentes das do colega de trabalho. Não se pode tratar da mesma forma todas as pessoas. Cada uma possui comportamentos diferentes, decorrentes de motivações diferentes, dentro e fora das Organizações.

Essa diversidade de interesses permite aceitar, de forma razoavelmente clara, que as pessoas não fazem as mesmas coisas pelas mesmas razões. Os Seres Humanos são diferentes uns dos outros, desde suas informações genéticas, vida intra-uterina e até mesmo na hora do parto. Além das experiências pessoais no ambiente familiar, no bairro, na cidade, nas escolas, no trabalho, dentro do chamado Determinismo Ambiental pelas quais cada pessoa passa.

Nas Organizações, por conseqüência, a disposição em melhorar o nível motivacional dos funcionários passa pela identificação dos fatores de Motivação pessoais, de uma equipe, de um grupo e do time organizacional como um todo, não sendo possível querer satisfazer motivacionalmente um espectro tão grande de pessoas diferentes com as mesmas razões e estímulos.

É necessária a personificação desses grupos e subgrupos dentro da organização, segmentando e qualificando o corpo de funcionários nas diversas escalas da motivação: psicológica, emocional, econômico/financeira e fisiológica (saúde), como veremos mais adiante no Item 1.6. Motivação na Abordagem Humanista.

1.2. Condicionar não é Motivar: a Abordagem Behaviorista

Por que as empresas insistem em condicionar? No seu livro *Motivação*, Bergamini diz: "... Existe uma confusão generalizada entre condicionar pessoas e motivá-las. Uns acham que conseguem motivar outros. Porém, existem posições contrárias sobre este tema que dizem que apenas forças interiores é que motivam as pessoas" [3]. Dessa forma, podemos definir:

- **estímulos exteriores:** são derivados de condicionantes sociais do comportamento que podem ser a mídia, a religião, as tradições culturais, as leis, as relações Capital x Trabalho, decorrentes das políticas internas da Organização, a moda, dentre outras condicionantes que estão no meio social em que alguém vive;

- **estímulos interiores:** são derivados do instinto de sobrevivência, que são sede, fome, sexo, afeto, dentre outros. Para os psicólogos comportamentalistas, a realidade é um fenômeno objetivo. E a personalidade poderá estar sempre controlada pelos fatores de motivação manipulados pelo ambiente organizacional e pelo meio ambiente social.

A orientação comportamentalista considera o homem um organismo passivo, governado por estímulos do ambiente externo. O homem pode ser manipulado e seu comportamento controlado através de adequado direcionamento dos estímulos ambientais.

Há um grande número de organizações no Brasil que utilizam esta concepção *Behaviorista* – Comportamentalista, também conhecida como a Teoria do Estímulo – Resposta, a qual afirma que um comportamento só aparecerá mediante uma condição externa específica.

---

[3] Cf. Bergamini, Cecília W. *Motivação*. São Paulo: Atlas, p. 25, 1993.

Pavlov[4], em 1927, publicou descobertas a respeito do reflexo condicionado, tornando-se, assim, o grande inspirador de todos aqueles que mais adiante desenvolveriam seus estudos dentro do sistema *Behaviorista*. Sua teoria conhecida pela experiência com cães que salivavam ao ouvir o barulho de uma campainha, após submeter esses animais a repetidas sessões que condicionavam o acionamento da campainha à ingestão de comida. Pavlov aliou a comida a um estímulo auditivo. E, após algum tempo, mesmo sem comida, ao ouvir o som da campainha, o cão salivava. Então, dessa forma, comprovou-se que **para estruturar determinado comportamento é preciso que a condição externa se faça presente.**

Já Edward Lee Thorndike[5] divulgou a Lei do Efeito, que se refere à estruturação dos comportamentos específicos, ligados à oferta de recompensas externas.

Thorndike colocou um gato faminto em uma caixa especial, e todas as vezes que ele encontrava saída achava o alimento. Repetidas vezes, após certo intervalo de tempo, o gato incorria em menos erros no encontro da saída que tinha o alimento, adotando, assim, a seleção dos hábitos de procura de forma bem-sucedida.

Enfim, Thorndike queria dizer que os hábitos que trazem recompensa se inserem no repertório psíquico do ser.

Ambos, o gato de Thorndike e o cão de Pavlov, passaram a ter um comportamento novo: um, ao salivar ao ouvir o som de uma campainha; outro, escolhendo, dentre várias saídas, a certa. Todavia, em ambos os casos, isso só ocorria mediante uma condição: **havia uma recompensa para agirem da maneira como se pretendia.** Sem esses condicionantes externos, aqueles comportamentos reduziam a freqüência de suas ocorrências, chegando mesmo ao desaparecimento daquelas atitudes.

Skinner[6], cientista mundialmente conhecido da corrente *Behaviorista*, em 1971, elaborou a teoria conhecida como a *Condicionante Operante*,

---

[4] Pavlov (1849-1936). Fisiologista russo, prêmio Nobel por seus trabalhos de fisiologia da digestão, embora tivesse ficado famoso por seus experimentos sistemáticos de condicionamento de cães e outros animais. Dentre suas obras destacam-se: *A Atividade das Glândulas Digestivas* – 1902 e *Reflexos Condicionados* –1926.
[5] Thorndike, Edward Lee – Cientista americano da Universidade de Columbia, onde, em 1898, escreveu a monografia Animal Inteligente, na qual defendeu o Comportamento Humano como sendo um processo de fIxação ou eliminação de estímulos e respostas.
[6] Skinner – Cientista americano da corrente Behaviorista, mundialmente famoso, que elaborou, derivada de suas pesquisas de condicionamento animal, a teoria que é conhecida como Condicionante Operante.

introduzindo os elementos chamados de Reforço Positivo e Reforço Negativo como sendo peças-chave na elaboração e na estruturação do comportamento e na sua extinção (Bergamini, Cecília W., *Motivação*, p. 28).

No experimento com ratos e pombos, Skinner conclui que, toda vez que os bichos chegavam ao alimento, porque bicavam ou acionavam algum dispositivo, eles voltavam a repetir esse comportamento, por terem sido recompensados. Esse *prêmio* pela conquista é que impulsiona os animais a agirem assim, e foi chamado de *Reforço Positivo*. O *Reforço Negativo*, ao contrário, é definido por algum estímulo ou acontecimento faz um certo comportamento específico diminuir sua freqüência, provocando, inclusive, o sumiço completo, como diz Bergamini, no seu livro *Motivação*.

As organizações que lançam campanhas de vendas constantemente de formas sazonais e periódicas e que, ao atingirem metas de vendas, não celebram ou não dão reforço positivo a seus funcionários, tendem a sofrer queda de *performance* nas campanhas seguintes.

1.2.1. QUAL A CONSEQÜÊNCIA DESSE CONDICIONAMENTO?

Por fim, Bergamini diz que essas teorias inspiradas no condicionamento são causadas pelo uso de condicionantes extrínsecas às pessoas: "De maneira clara, um comportamento reativo condicionado se dá por um simples movimento efêmero, e nunca por aquilo que pode realmente ser chamado de motivação. As ações das pessoas, assim levadas a efeito nas mais variadas circunstâncias da vida, passam a ser dirigidas por aqueles a quem cabe manipular as variáveis disponíveis no meio ambiente, apresentando-as sob a forma de recompensas ou punições".

> ...Por meio de condicionamento, pode-se levar as pessoas a fazerem aquilo que se quer que elas façam, independentemente da sua liberdade e dignidade. Em um livro escrito por Skinner, cujo nome em inglês é Beyond Freedom and Dignity, – Além da Liberdade e Dignidade, e cujo título em português é: Mito da Liberdade, o autor se refere a esse tema, que, para ele, passa a ser simplesmente considerado como "condicionantes extrínseca".

1.2.2. CONDICIONAR NAS ORGANIZAÇÕES

Êpa! Perigo para a auto-estima!

Os fatores que estão fora das pessoas só podem ser entendidos como *Reforçadores de Comportamentos,* mas não como elementos que, por si só, têm poder mágico de aumentar a satisfação organizacional.

Por uma série de razões aparentemente inexplicáveis, o mito do aumento salarial ainda reina no Brasil de hoje. Alguns têm a tendência de concluir que quem ganha mais está mais motivado para o trabalho. Essa crença tem-se mostrado inabalável até hoje.

Outro mito é o da estabilidade. Muitos também supõem que para motivar os funcionários seria bom dar-lhes alguma estabilidade. Basta que examinemos o serviço público no Brasil e descobriremos que não há tantas pessoas assim felizes profissionalmente nem mais eficazes no trabalho. Essas pessoas com estabilidade tornam-se puramente eficientes, pois se esforçam tão somente para não perderem o cargo, pois só são demitidas após processo administrativo ou penal transitado em julgado.

E isso é triste para a auto-estima. O ser humano não nasceu para a repetição, ele foi criado para os desafios, para o sadio início, para a criatividade etc. Sem esses atributos, o homem declina, esmorece, perde a vontade, o querer de mudanças e a evolução, ficando no seu limiar de resignação e conformismo.

Grande número de empresas insiste em continuar oferecendo esses fatores extrínsecos na ingênua crença de que, dessa forma, conseguirão motivar sua mão-de-obra.

Parece que alguns gestores organizacionais não entenderam bem aquilo com que McGregor, um dos maiores autores de descrição da teoria *behaviorista* da administração, preocupou-se, ao comparar os estilos opostos e antagônicos de administrar. De *um lado,* a teoria mecanicista e pragmática – Teoria X. De *outro,* a concepção moderna baseada no respeito do comportamento humano – Teoria Y. McGregor, um dos responsáveis pela organização seqüencial das necessidades disse:

> *O homem cujas necessidades de nível mais elementar estão satisfeitas não está mais motivado para estas, mas para outras, agora.*

O empresário, muitas vezes, faz a seguinte pergunta:

> Por que o pessoal não é mais produtivo? Pagamos bons salários, damos boas condições de trabalho, temos bom plano de saúde, e vez por outra participam nos lucros. Mesmo assim, o pessoal parece não estar disposto a despender mais do que o esforço mínimo.

Nessa visão do salário e da estabilidade, todos os outros fatores, como, condições de ambiente de trabalho, relacionamento interpessoal, políticas administrativas e a competência dos chefes devem ser considerados como fatores de condicionamento e movimento, de fatores externos ou extrínsecos, e nunca de motivação verdadeira.

As empresas deveriam pensar muito antes de oferecê-los, pois têm efeitos efêmeros, precisam ser constantemente ampliados e, uma vez oferecidos, "nunca mais" poderão ser retirados. Sempre que se cessa o fator externo de condicionamento, o comportamento desejado desaparece. Tomemos os exemplos abaixo.

- Se todas as vezes que alguém falta ou atrasa é punido com perda salarial, e se, de repente, não mais houver punição, o comportamento reaparecerá.
- Se o aumento de vendas foi premiado com gratificação, bônus e comissões, a partir do momento que esses prêmios deixarem de existir, a *performance* cairá (vide Gráfico 1 na página seguinte, que trata dessa curva de *performance*).

Diante de tantas constatações, não se pode tratar o homem organizacional apenas pela teoria *behaviorista*. Ela é importante porque é mutável, substituível e ampla, mas é apenas superficial e externa. Dessa forma, não traz emoção; é meta nela mesmo, nada mais além disso. Não alcança a essência das mudanças pessoais e profissionais de cada um, nas empresas, nos dias atuais de globalização.

1.3. Tópicos do Ato de Motivar (Condicionar) nas Empresas sob a Visão Behaviorista

Abaixo, uma definição generalista da Psicologia da Motivação sob o ponto de vista da Escola Comportamentalista.

Fonte: estímulos externos.

Tempo de duração: até quando durar o estímulo.

Precisa de reforço positivo? Sim.

Caráter: materialista, sem emoção, descartável e baseado na escola psicológica behaviorista.

Nomes principais: Skinner, Thorndike, McGregor, John Watson.

Fator negativo: não individualiza, não personifica, trata todos os indivíduos da mesma forma.

Fator positivo: possibilidade de substituição do reforço; escolha do tipo do estímulo de acordo com a conjuntura organizacional. O Gráfico 1, a seguir, mostra os Estímulos x *Performance* x Tempo. No Gráfico 1, constatamos que, quando surge o estímulo, a *performance* sobe, decaindo assim que cessa o estímulo.

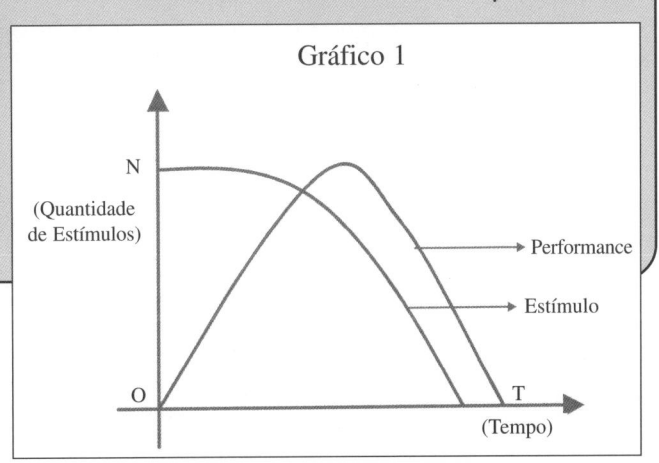

Gráfico 1

N (Quantidade de Estímulos)

→ Performance
→ Estímulo

O — T (Tempo)

Quadro 1
Esquema do Ato de Condicionar em Campanhas Internas nas Organizações

Estímulo	Reforço Positivo ou Mais Estímulos de Diversos Incentivos	Recompensa Final
Comissões, bônus por desempenho.	Premiação nas etapas.	Atingir a meta do funcionário e da empresa.
Um novo benefício social.	Explicar suas vantagens irrestritamente.	Comparar com a situa-ão anterior ao benefício.
Campanhas internas de lançamento de produto.	Novo serviço ou processo.	Anunciar as evoluções.
Campanhas para alavancar vendas.	Comemorar pequenas conquistas.	Ganhar mercado.
Campanhas para reconhecimento de méritos.	Alardear os mais conceituados em canais de divulgação internos.	Reconhecer.
Projeto e campanhas de motivação.	Checar a evolução.	Manter uma cultura mínima de motivação no clima da empresa.

1.4. Motivação Interna: a Motivação Verdadeira

A motivação verdadeira nasce das necessidades intrínsecas nas quais encontra sua fonte de energia, das necessidades e ações do ser humano. Assim também é nas organizações. A motivação verdadeira é a fisiológica – instintiva e psicológica – emoções.

A motivação interna é caracterizada pelos instintos. O instinto é entendido como um padrão de comportamento inerente à própria espécie, portanto, característico a ela e estereotipado, que possui uma energia própria a ser liberada sempre no sentido de dentro para fora.

No Prêmio Nobel de Medicina, 1973, Konrad Lorenz sugere que os instintos aumentam a habilidade, não somente do animal como também do homem, de adaptar-se ao meio ambiente. Isso promove uma energia interna que busca seqüencialmente no ambiente externo o alívio dessas tensões instintivas, que podem ser: fome, respiração, sono, repouso, sexo e excreção.

Então, o ato instintivo só ocorrerá quando existir um estado interno de carência. Atente para o exemplo a seguir.

Uma pessoa chega em casa após um dia cansativo de trabalho e possui as seguintes necessidades: fome, sede e descanso. O que a pessoa fará, provavelmente, vai depender da necessidade que tiver maior força interna no momento:

- se a fome for maior, vai direto à geladeira para procurar algo para comer;
- se o sono for maior, irá para o quarto e, quando acordar, a fome estará maior do que o sono, indo para a geladeira.

A seguir, a representação gráfica desse exemplo (Gráfico 2).

Gráfico 2

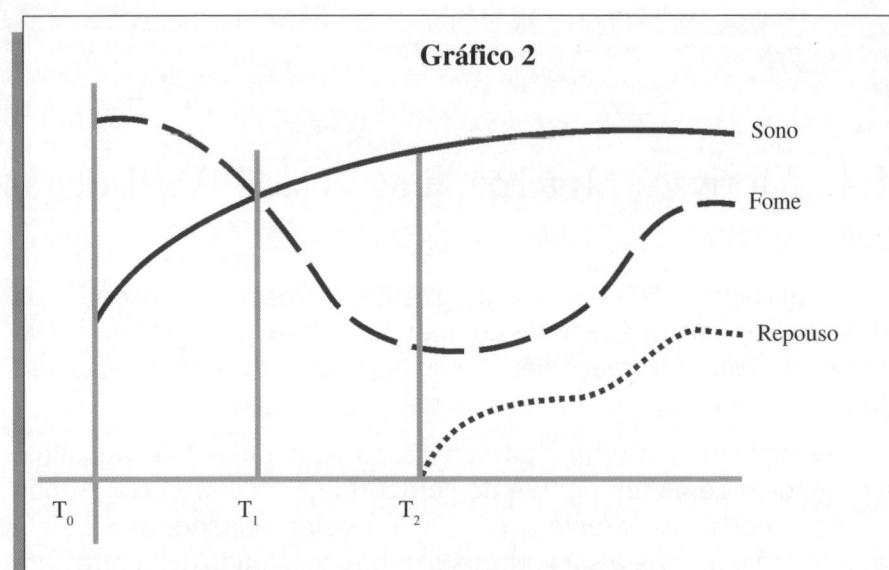

Sono

Fome

Repouso

T_0 T_1 T_2

Em T_0 – O indivíduo acordou com a fome maior que o sono.
Em T_1 – O indivíduo acabou de comer, o sono voltou.
Em T_2 – A sensação de fome acabou, o sono está instalado e o indivíduo procura o repouso.

1.5. Motivação: a Abordagem Cognitiva e Psicanalítica

A abordagem cognitiva da motivação se propõe a levar em consideração o que se passa na cabeça do organismo que se comporta. Segundo a teoria cognitiva, a motivação depende de experiências anteriores, do modo como a pessoa percebe o estado de coisas que influenciam o seu comportamento; o que é percebido nem sempre corresponde à situação real.

A teoria cognitiva prega que a necessidade do indivíduo organizacional é atender os Valores, as Crenças e ter a Visão e a Missão da organização definidas, conceituadas e vivenciadas no dia-a-dia. Porém, é impossível conhecer verdadeiramente aquilo que se entende por motivação quando não são levadas em conta as descobertas feitas pela psicanálise de Freud[7]. Sem ela, não se estará considerando o ser humano em seu aspecto autêntico. Com Freud, os esquemas puramente fisiológicos e neurológicos, que pautavam a psicologia da época, ficam decididamente rompidos, passando-se, então, a cogitar cientificamente, o fator mais profundo da personalidade de cada um: a emoção.

Freud entendia que o comportamento humano é determinado pela motivação do inconsciente e pelos impulsos instintivos. O Id, Ego e Superego são conceitos básicos da teoria freudiana e formam a estrutura da personalidade.

O Id foi entendido como um reservatório de impulsos instintivos. O Ego seria o sistema que, em contato com o mundo exterior, procuraria satisfazer as exigências instintivas do Id. E o Superego, crítico, cen-

---

[7] FREUD, Sigmund (1856-1939) nasceu na Morávia, foi o fundador da Teoria Psicanalítica. A história da Psicologia como ciência muda a partir dele. Sua obra de 13 volumes até hoje é pesquisada. É tido também como o genial decifrador dos enigmas humanos da mente.

surador, formado pela interalização dos valores e das atitudes sociais aceitáveis e descartando as reprováveis[8].

Enfim, a motivação do comportamento sob análise freudiana é, então, proveniente do Id inconsciente, e o comportamento resulta da interação, conflituosa ou não, entre os três sistemas, assim como fala Eliane M. Pisani.

São os conteúdos psicológicos que foram, anteriormente, reprimidos e passaram para a instância do inconsciente, que é dotado de forças próprias. Assim, eles buscam sua liberação, levando o homem a agir de forma especial em determinada direção ou orientação específica.

Pelo fato de buscarem a liberação, os conteúdos inconscientes regem-se por aquilo que o pai da psicanálise chama de princípio do prazer. Portanto, é necessário que exista espaço na cultura organizacional para a descoberta de padrões psicológicos adequados às funções/cargos, levando em conta, além da habilidade no processo, a habilidade emocional.

---

[8] PISANI, Eliane. *Psicologia Geral*. Rio de Janeiro: Vozes, p. 104, 1982.

1.6. Motivação na Abordagem Humanista

"Ninguém tem o poder ou o direito de mudar outra pessoa. Mas todos têm a obrigação de mostrar novos e melhores caminhos a outros."

A Teoria Humanista é um termo genérico que designa uma abordagem da psicologia compartilhada por psicólogos contemporâneos insatisfeitos com as concepções do ser humano até então produzidas.

Afirma que o homem não é redutível à sua fisiologia, nem um respondente mecânico ou mesmo cognitivo a estímulos, nem um campo de batalha para impulsos sexuais e agressivos. Os humanistas consideram que esses enfoques possam apenas explicar, parcialmente, o comportamento humano. Eles defendem que seres humanos são pessoas e sentem-se como tal. Abraham Maslow[9] é o expoente máximo desta teoria.

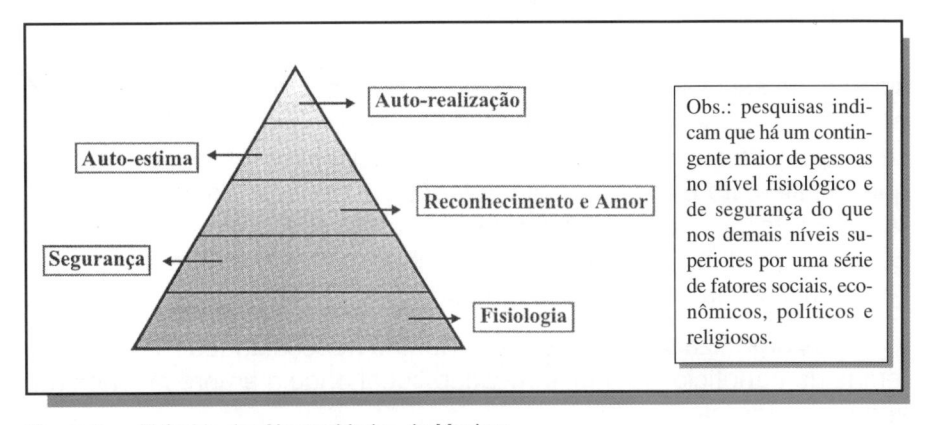

Figura 1 — Pirâmide das Necessidades de Maslow

---

[9] MASLOW, Abraham (1908-1970) – Psicólogo, foi um dos maiores especialistas de motivação humana, criador da Teoria das Necessidades Humanas, a qual é dividida em fisiológica, de segurança, de reconhecimento social, de auto-estima e de auto-realização.

A riqueza epistemológica e metodológica da obra de Maslow é dada, também, pelo seu tratamento de harmonização das conquistas da psicologia psicanalítica e comportamental, abordando holisticamente o ser humano que vive, existe, sofre, ama, cria, envelhece e morre.

Nesse momento social, econômico e tecnológico pelo qual passamos, há uma criminosa distorção de valores, de ação e de pensamentos. Miguel de La Puente, em *Tendências Psicológicas em Psicologia da Motivação*, diz que Maslow resgata e classifica as carências e as necessidades básicas do homem em fisiológicas, de segurança, de reconhecimento e amor, de auto-estima e de auto-realização, conforme descrito a seguir.

1. NECESSIDADES FISIOLÓGICAS

São as necessidades como sede, fome, sexo, sono e oxigênio. São relativamente dependentes entre si.

Uma pessoa que carece de alimento, segurança, amor e estima desejará, provavelmente, alimento antes das outras.

2. NECESSIDADES DE SEGURANÇA

Satisfeitas as necessidades fisiológicas, surgem com força as necessidades de segurança, e o organismo vem a ser direcionado por elas, já que passam a definir e a influenciar a forma de agir do indivíduo. As necessidades de segurança verificam-se em maior intensidade nas crianças que manifestam o medo constantemente. São necessidades de segurança: proteção e tranqüilidade durante a doença; preferência por tipo de rotina ou ritual; preferência pelo conhecimento, por uma religião, ciência ou filosofia que organize o mundo pessoal de cada um.

Nas organizações, são estas algumas necessidades básicas: sistemas de benefício, salário, educação, local onde a empresa funciona, seguro-saúde etc.

3. NECESSIDADE DE RECONHECIMENTO E AMOR

"Satisfeitos" os dois estágios anteriores, surgem as necessidades de amor e afeição. É quando a pessoa sente necessidade de laços afetivos com as demais, necessita obter um lugar em seu próprio grupo organizacional e no mundo.

> ...Amor significa ser plenamente compreendido e profundamente aceito por alguém (texto de Carl Rogers).

São palavras de Maslow:

> ...A frustração das necessidades de amor é a origem mais comum da falta de adaptação e das psicopatologias graves.

Nas organizações, são estas algumas necessidades de reconhecimento e amor: união dos setores, não existência de fofocas invejosas, valorização verbal e não-verbal dos funcionários, comprometimento dos colegas com o negócio e com as tarefas, fazer parte de equipes de trabalho, grupo e comissões.

4. NECESSIDADE DE AUTO-ESTIMA

Atendidas as necessidades anteriores, a auto-estima traz sentimentos de autoconfiança, força, *status*, prestígio, capacidade e utilidade. Sua frustração acarreta sentimentos de inferioridade, fraqueza e desânimo.

Nas organizações, a necessidade de auto-estima pode ser satisfeita pela fama e pelo tamanho da empresa, pelo tipo de negócio da empresa, pela forma de a empresa gerir os negócios, as responsabilidades assumidas no nível do cargo etc.

5. NECESSIDADES DE AUTO-REALIZAÇÃO

Passadas as necessidades anteriores, haverá sempre um desejo de vir a ser tudo o que pode ser de melhor. A criatividade, a vontade de lançar projetos, idéias, necessidades de saber, curiosidade aguçada, necessidade do estético, da beleza, da preservação da auto-imagem.

Nas organizações, as necessidades de auto-realização seriam: vontade de realização dos sonhos, crescimento na profissão, construção de novas oportunidades profissionais e desafios pessoais, o próprio nome alinhado a uma imagem de liderança empreendedora.

São palavras de Maslow:

> *A satisfação de uma necessidade específica e sua conseqüente remoção do centro do palco provocam não o repouso ou apatia estóica, mas, antes, o aparecimento, na consciência, de outra necessidade mais alta. A carência e o desejo continuam, mas num nível superior.*

Quer descobrir seu nível de motivação e dos funcionários da sua empresa para implementar ações e projetos motivacionais e de aumento da produtividade com mais eficácia na sua organização?

...Então, responda à pesquisa do Quadro 2 na página 24.

1.7. Tópicos do Ato de Motivar nas Empresas sob a Visão Humanista

Abaixo, uma definição generalista da Psicologia da Motivação sob o ponto de vista da Escola Humanista.

> **Pré-requisito:** levantamento das necessidades dos funcionários baseado na Teoria de Maslow, através de pesquisa motivacional conforme Quadro 2, página 24*.
>
> **Tempo de duração:** longo prazo. Cada indivíduo sendo trabalhado para atingir a auto-realização, movido pelas crenças e valores da empresa (o ato motivacional será permanente).
>
> **Precisa de reforço:** algumas vezes, porém, precisa de metas de curto, médio e longo prazos e do "desejo" bem definido.
>
> **Caráter dos resultados:** razões internas pessoais e conquistas próprias.
>
> **Escola psicológica:** cognitiva, psicanalítica e humanista.
>
> **Nomes principais:** Kurt Lewin, Freud e Maslow.
>
> **Fator negativo:** maior necessidade de tempo para definição do nível motivacional do grupo e individual, e para o processo de revigoramento cultural das organizações, a fim de obter resultados duradouros.
>
> **Fator positivo:** comprometimento maior dos funcionários pelo conhecimento dos valores e das crenças da empresa e pelo autoconhecimento das próprias necessidades, segundo a teoria de Maslow.

---

* A despeito da Pesquisa Motivacional Interna, ela tem o objetivo de classificar as pessoas da Organização pelo traço psicológico num instante de vida, através do enquadramento nos níveis da Pirâmide de Maslow.

Quadro 2
Questionário do Levantamento de Pesquisa Motivacional

O que Motiva e o que Desmotiva você? Não é necessário marcar todas as afirmativas. Só marque o item que realmente representa você. Marque **M** para os itens que o motivam e **D** para os que o desmotivam.

( ) Seu salário
( ) Plano de Saúde
( ) Fazer parte de comissões
( ) Fama e tamanho da empresa
( ) Minha imagem e conceito profissional
( ) Renda da família
( ) Banheiros da empresa
( ) Reconhecimento e valorização do funcionário
( ) Meu cargo e tarefas atuais
( ) Implementar projeto próprio
( ) Vale-refeição e alimentação
( ) Localização da empresa
( ) Colegas do meu setor
( ) Perspectivas de crescimento
( ) Ter que influenciar os outros
( ) Salário pago em dia
( ) Arrumação do meu setor
( ) Colegas de outros setores
( ) Viagem a serviço
( ) Poder ser criativo e inovador
( ) Salários sem erros de cálculo
( ) Móveis do meu setor
( ) Abertura de opinião e relação com chefia
( ) Participação em cursos e seminários
( ) Ter visão de futuro
( ) Salário pago na véspera de feriado
( ) Segurança das instalações
( ) Cobranças ao meu setor
( ) Equipamentos e tecnologia da empresa
( ) Agarrar novas oportunidades
( ) Salário de hora extra

( ) Meu horário de trabalho
( ) União dos setores
( ) Despesas de representação pagas
( ) Colocar idéias em ação
( ) Brindes de natal
( ) Quantidade das tarefas
( ) Fofoca de corredor e inveja
( ) Tipo do negócio da empresa
( ) Chamar para si a responsabilidade
( ) Salário em relação ao mercado
( ) Tipo das minhas tarefas
( ) Interrupções telefônicas
( ) Avaliação de desempenho (políticas de RH)
( ) Assumir novos desafios
( ) Anuênio e salário-família
( ) Auxílio-babá
( ) Comunicação interna na empresa
( ) Participação nos lucros
( ) Adaptação rápida às mudanças
( ) Auxílio-creche
( ) Nível cultural e educacional dos colegas e funcionários
( ) Bônus e comissões
( ) Querer realizar meus sonhos profissionais
( ) Fazer história e ajudar o crescimento da empresa
( ) Outros: _____
_____
_____

OBS: Para obter a tradução e descobrir o perfil motivacional de um indivíduo ou grupos, envie e-mail para: **silviobroxado@yahoo.com.br**.

Gráfico 3 – Curva Prevista de *Performance* de um funcionário recém-contratado em uma Empresa sem nenhuma Cultura Organizacional de Motivação.

O Funcionário começa bem-motivado, e em curto ou médio prazo, se não houver reforço nem política de mérito ou de crescimento, toma-se um mantenedor de *performance* no nível fisiológico, de segurança e relacionamento social (níveis primordiais).

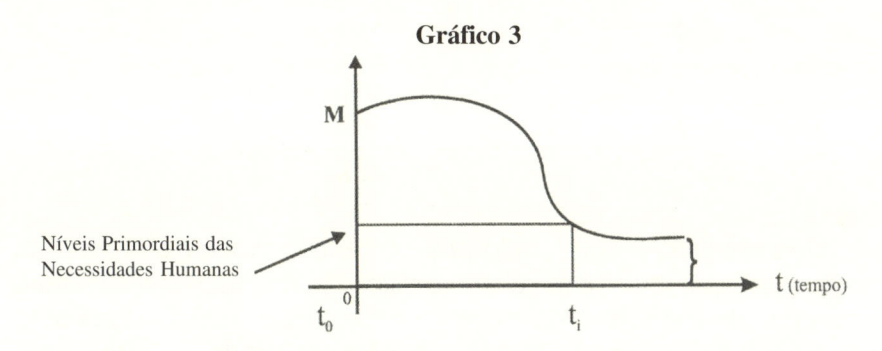

Gráfico 3

Níveis Primordiais das Necessidades Humanas

M

t_0 t_i t (tempo)

Gráfico 4 – Curva Prevista de *Performance* de um funcionário recém-contratado em uma Empresa apenas com Cultura Organizacional Behaviorista (comportamental).

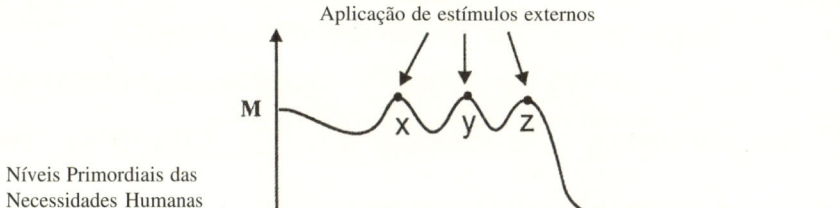

Gráfico 4

Aplicação de estímulos externos

M   x   y   z

Níveis Primordiais das Necessidades Humanas

t_n t (tempo)

O funcionário começa bem motivado e logo recebe estímulos e reforços, o que o mantém em um nível M, alto por mais algum tempo. Porém, como os estímulos são só externos, e em menor número do que os estímulos internos, não há comprometimento e motivação em longo prazo, ocorrendo uma queda nos níveis básicos (primordiais) da Pirâmide de Maslow. Em curto e médio prazos, haverá picos de "excitação" e algum entusiasmo.

Gráfico 5 – Curva Prevista de *Performance* de um funcionário recém-contratado em uma Empresa de Cultura Organizacional Humanista.

Gráfico 5

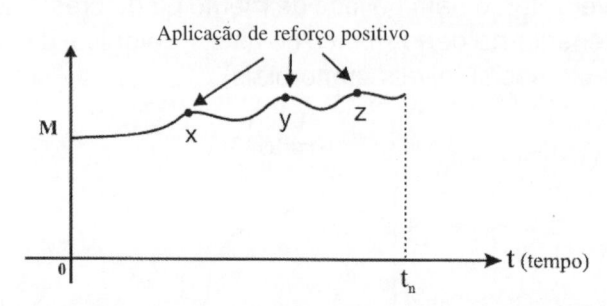

Aplicação de reforço positivo

M

x y z

t_n

t (tempo)

O funcionário é contratado após criterioso processo de recrutamento e seleção, com uma sucinta explicação dos papéis a desempenhar e do que a empresa quer como *performance*. Assim, pode cobrar resultados, dar reforços positivos, promover e criar um clima organizacional que influencia o desenvolvimento pessoal de cada um. Além de, incondicionalmente, reconhecer em público o mérito do bom desenvolvimento.

Quadro 3		
Esquema para a Motivação sob a Visão Humanista (Suas Justificativas Coerentes para Implantação na Empresa)		
Crença e Valores	Planos de Ação	Recompensa Final
• Descoberta do nível motivacional de cada indivíduo em Maslow. • Desenvolvimento na Empresa de programas motivacionais baseados na estrutura das teorias cognitiva e humanista. • Revigoramento da cultura organizacional.	• Procedimentos elaborados em cada setor, gerência, filial e alto escalão, com característica substituível, mutável e de muita influência na rotina.	• Competitividade da organização. • Vitalidade. • Maior prazer de cada indivíduo no trabalho. • Maiores lucros. • Maior prosperidade.

Capítulo 2

Falando sobre Cultura Organizacional

O curso acelerado da abertura econômica atual exige formas inteiramente novas de agir no âmbito das empresas, em função, inclusive, da competitividade e da produtividade. Isso porque o potencial criado pelas modernas tecnologias e o processo de integração, onde os blocos regionais pretendem funcionar como agentes universais de "padrão de valores" e "comportamentos", não mais se adequam às práticas antigas ou tradicionais aos "velhos modos de fazer as coisas" – hoje, integralmente comprometidos com a eficiência e o desenvolvimento empresarial. Nesse contexto, e tendo em vista, sobretudo, o fato de que a prosperidade dos povos e a qualidade de vida das pessoas vinculam-se estreitamente ao desenvolvimento da empresa...

Marco Maciel, Senador da República, em texto de apresentação do livro de Sérgio Alves, *Revigorando a Cultura da Empresa*. São Paulo: Makron Books, 1998.

Empresários com empregados: visão, missão, valores e engajamento de todos na empresa.

2.1. Visão Geral Atual da Recente Relação Indivíduo x Empresa

No começo do século XXI, após mais de 200 anos da Revolução Industrial na Inglaterra, após acompanharmos o surgimento de novas tecnologias, de termos passado por duas guerras mundiais, nas quais estratégias e táticas foram mais bem-conceituadas e aplicadas, inclusive no âmbito empresarial; após todas as revoluções da Era Moderna e Pós-Moderna nas artes plásticas, na literatura, no cinema, na televisão, na moda, na música e nos comportamentos vanguardistas; após o estabelecimento definitivo dos estudos e dos conceitos da Administração e da Psicologia aplicados no dia-a-dia das empresas, chegamos a um novo ponto de mutação econômica, antropológica, social e, agora, também, administrativa e tecnológica do mundo globalizado.

As variáveis controláveis tornam-se menos controláveis, as previsões econômicas esbarraram nos boatos das bolsas de valores da Malásia, da Coréia e do Brasil. O Capital e o Trabalho agora têm de se aproximar e fortalecer uma linha antes tênue dos interesses próprios em busca de uma causa comum: a sobrevivência dos negócios, onde ambos estão inseridos, onde as mudanças acontecem todos os dias e a instabilidade é constante. Adriano Silva, da revista Exame, descreveu um belo painel dessa conjuntura na edição 656, pp. 56 a 60:

> ...*A relação entre Capital e Trabalho tem sido a engrenagem básica de qualquer sociedade humana e desde que o homem passou a criar e acumular riqueza, deixando de ser nômade, essa dualidade tem estado no âmago das relações econômicas, políticas e sociais.*
>
> *O capitalismo é apenas o capítulo mais recente dessa história. Já nos organizamos para produzir em modelos de comunitarismo tribal, escravidão e feudalismo, entre outros. Percebemos uma evolução na história, embora com muitos altos e baixos na relação entre Capital e Trabalho, da truculência para o acordo, da instabilidade litigiosa para o equilíbrio negociado.*

> *Mesmo se considerarmos apenas da Revolução Industrial para cá, veremos mudanças significativas no que tange à relação Capital e Trabalho. Na Inglaterra, naquele tempo do início da Revolução Industrial, trabalhadores, incluindo crianças, eram acorrentados às máquinas e trabalhavam 14, 16 horas por dia. No Brasil, no final do século XX, um país que ainda está longe de ocupar posição de liderança na economia mundial, empresas de ponta dispõem-se a pagar prêmios de milhares de dólares para adquirir passe de determinados executivos, e incentivam todos os seus funcionários a adquirirem ações da companhia, ou seja, a tornarem-se donos do lugar onde trabalham. Estabelece-se a tríade dos números 8 (oito): 8 horas de trabalho, 8 horas de sono, 8 horas de lazer ou de qualquer coisa, como padrão para os trabalhadores do Século XXI.*

Instalaram-se os sindicatos dos trabalhadores, as influências e os conceitos da relação social comunista, inseridos no sistema capitalista de um ímpeto de liberalismo frio e interesseiro da relação indivíduo e empresa.

Agora, cada empresário tem de aliar-se a seus princípios empregados, não mais nos salões das audiências de conciliação trabalhistas, mas no dia-a-dia da empresa. A nova lógica, ao reorganizar as equipes para a disputa econômica, transforma cada companhia em um time de patrões e funcionários, que jogam lado a lado, unidos por interesses convergentes.

Antes, os empresários "arrochavam"; hoje, eles associam-se e motivam os empregados: da tradição Feudal e dos Feitores à Cognição do Capital Humano. Por décadas, a manutenção do emprego foi o único estímulo concedido pelos patrões aos funcionários no país. Os gerentes médios atuavam como feitores, domesticavam a massa de funcionários, supervisionavam a execução das tarefas, a conservação das instalações e dos instrumentos; coibiam os atrasos e o descanso. Eram, enfim, encarregados com sua autoridade apenas do cumprimento das metas de custo e produção.

O modelo de Taylor da especialização nas tarefas, a produção em série implementada por Henry Ford, a abordagem anatômica que envolvia setores da empresa e as pessoas dentro da empresa de Fayol e a teoria de erro zero de Deming aplicada no Japão do pós-guerra foram de um período em que as empresas utilizavam o modelo Behaviorista de estímulo e recompensa. Fazemos uma analogia chula, poderíamos dizer, que a política motivacional baseou-se na cenoura ou no chicote. Esses dois extremos de prêmio e punição balizaram boa parte das práticas de Recursos Humanos e que, nos Estados Unidos, tiveram as mesmas proporções. Quem é bom, sobe rápido, alcança a cenoura; quem não é bom, é dispensável, diz Adriano Silva.

Ainda Adriano Silva fala que "no Japão a cenoura é menos vistosa e a punição é camuflada. O fato de o indivíduo ser bom ou ruim não interessa tanto quanto sua capacidade de harmonizar-se com o grupo, de assumir e desempenhar o papel que lhe é dado. A criatividade, a reflexão inteligente, a agilidade e as ações podem ser atributos complicadores da vida profissional diferentemente do Ocidente. Lá, as companhias apreciam muito mais o funcionário atento aos deveres, com senso de adequação, obediente às regras e à hierarquia estabelecidas".

Quando surge um sujeito talentoso, a tendência é este indivíduo sair da empresa e abrir seu próprio negócio, copiando e repetindo os mesmos modelos de premiação e punição com os quais conviveu. Se o sujeito tem o desempenho fraco, o melhor é ele aprender logo as técnicas mesquinhas de burlar o controle e vender uma imagem do sujeito bonzinho, dentro de uma camuflagem que o mascara.

É interessante notar que existem organizações que não percebem que a empresa é como um todo interligada e não fragmentada em áreas de gerência mais ou menos importantes, as quais acabam acumulando colaboradores que, embora exímios, não agregam nenhum valor ao negócio.

Podemos relacionar, abaixo, algumas semelhanças entre os modos brasileiro e japonês nas relações organizacionais.

- A maioria das empresas no Brasil e no Japão ainda trata os funcionários verticalmente e faz com que eventuais ganhos por parte do trabalho não apareçam como fruto de conquista e de merecimento dos funcionários, mas, sim, como concessões bondosas do capital.
- Na maioria das empresas, não há um plano que horizontalize e desmistifique as relações econômicas e tome ganhos e perdas como questões perceptíveis, que fazem parte da vida de qualquer indivíduo ou instituição.

- Na maioria das empresas, não há um sistema bem-posto que opere os prêmios e as punições de maneira clara para todos os envolvidos. Às vezes, ficam na dependência das influências e na dimensão dos chefes, ou de um chefe, que, nos bastidores da cadeia do poder corporativo, resolva operacionalizar algum tipo de recompensa.
- No Japão, há um pacto entre o indivíduo e a empresa, obedecido por ambos. No Brasil, por suas diversas características históricas, culturais e até religiosas, há ainda muita desconfiança e maus sentimentos, que fazem surgir omissões, injustiças e falta de capilaridade de um lado, e de outro, grande chance de acontecerem sabotagens.

Um novo momento surge: a competitividade do mundo globalizado faz empresas brasileiras aliarem-se ao seu capital humano.

A Accenture Consultoria com sede em Chicago concluiu em 2006 uma pesquisa a qual define os diversos tipos de empresas pelo grau de competitividade que elas exercem nos seus mercados. A Accenture afirma que, assim como os seres humanos, as empresas altamente competitivas têm um "DNA" que gera uma cultura interna para impulsionar táticas agressivas de desempenho além do padrão, as quais contam com uma legião obstinada de funcionários fiéis. No Brasil, as empresas no topo dessa lista são:

Em petroquímica:

1º) Braskem, 2º) Petrobras, 3º) Copesul.

Em telecomunicações:

1º) Telefônica, 2º) Telemar, 3º) Brasil Telecom.

Em transporte aéreo:

1º) Gol, 2º) Tam.

No varejo:

1º) Americanas e Magazine Luiza, 2º) Ponto Frio, 3º) Insinuante.

Em alimentos:

1º) Sadia, 2º) Cargill, 3º) Perdigão.

Em papel celulose:

1º) Suzano, 2º) Aracruz, 3º) VCP.

Fonte: revista **Exame**, edição 893, ano 41, nº 9.

O *Benchmarking* Corporativo não foi menos intenso. Receitas de sucesso estão sendo copiadas por todos; selos de padrão internacional popularizam-se no mundo inteiro como advento dos Programas de Qualidade ISO. E, olhando microeconomicamente a empresa, a alta *performance* individual e a valorização do capital humano, definitivamente, tornam-se fatores de diferencial competitivo.

Por fim, conforme Adriano Silva,

> *...no Brasil, a troca do passado corporativo cheia de safanões operacionais e gestões administrativas imediatistas, onde se forjava um grupo de indivíduos servil, rancoroso e omisso até certo ponto, e desunido, perante as crenças e os valores da organização, dá lugar ao funcionário proativo, focado em resultados, reinventor de métodos, ávido por treinamentos versáteis, e amigo.*
>
> *O passado da relação Empresa x Indivíduo caracterizada pelo Recurso Humano de insumo ordinário e descartável dá lugar ao capital humano competitivo e parceiro, responsável pelo futuro e pela sobrevivência da Organização na conjuntura mutante e exigente, qualificadora e personalizada.*
>
> *Entretanto, ainda existe um longo caminho pela frente: benefícios sociais mais atraentes e adequados, cultura motivacional permanente baseada em visão, missão, valores e crenças.*
>
> *Além da aplicação do empowerment e da transparência dos processos de gestão, revogação da hierarquia do medo e da presença de comunicação interna em nome de uma hierarquia baseada na eficácia fomentada por líderes, pelo prazer e pelo orgulho de estar ali, naquela organização.*[10]

---

[10] SILVA, Adriano, revista **Exame**, Edição 656, pp. 56, 57, 58, 59, 60, fevereiro/1998.

2.2. Abordagem da Cultura Organizacional

Cultura Empresarial é uma das expressões-chave da atualidade. Os antropólogos e pesquisadores, candidatos a mestrado em administração de empresas, a estudam; consultores empresariais a pregam e os empregados a espelham. Toda organização tem uma. O gerente que diz que os empregados são apáticos, carrancudos e que só estão trabalhando para receber seu cheque acaba de definir a Cultura de sua organização. Qualquer pessoa que cresceu com orgulho usando um uniforme de Escoteiro ou de Bandeirante cresceu em uma Cultura Empresarial bem-definida.

Quando falamos em Motivação Organizacional, é preciso também abordar, de forma tangível, o que já existe na prática no mundo atual. Empresas nacionais e mundiais, todas elas, têm um resultado decorrente, dentre outros, de um fator intrínseco que é a Cultura da Organização.

Ela está presente na visão do negócio, na liderança (líder revigorador), no comprometer-se além de envolver-se e no clima organizacional.

A consultoria americana Accenture identificou 40 características que impactam em uma maior proporção a cultura de ser mais ou menos competitiva. Porém, ela registrou três características como sendo vitais, conforme descritas a seguir:

1ª Característica – O papel do fundador na criação dos valores que vão permear a empresa.

Uma Organização com valores pautados solidamente em seu passado tem mais chances de sucesso, afirmam os especialistas da Accenture. Como exemplo, o discurso do atual vice-presidente da Suzano Papel e Celulose, David Feffer, presidente do Conselho de Administração, que até hoje pratica valores introduzidos pelo seu avô Leon Feffer, vindo da Ucrânia em 1924, que são: não temer riscos, procurar novas oportunidades e obsessão pelo novo. A Suzano foi a primeira empresa no mundo a apostar no eucalipto como fonte de celulose, e hoje no dia-a-dia da empresa o maior desafio é perpetuar uma cultura de profissionalização e crescimento. São os fundadores que criam a melhor visão dos negócios.

Visão do negócio significa:

- a imagem de um futuro preferido, que indica para onde se quer ir e aonde se pretende chegar;
- a declaração de otimismo e esperança, através da utilização de palavras com carga emocional e de metáforas que a retratem;
- um conjunto de propósitos no qual se acredita firmemente que possam ser alcançados, embora, em um tempo não claramente preciso;
- delineamento de uma situação futura, possível e desejável para a empresa.

Exemplo de um modelo típico de uma declaração de visão:

> *"...uma empresa de crescimento rápido e com maior margem de lucro no ramo, alcançar e manter os melhores resultados de venda do país"*.

Abaixo, algumas declarações de visão de empresas de sucesso:

- Disney – "... você pode sonhar, criar, desenhar e construir o lugar mais maravilhoso do mundo, mas é preciso ter pessoas para transformarem o sonho em realidade. Somos uma força que dá forma à imaginação de todas as crianças do mundo".
- Banco do Brasil – "Ser o melhor banco do Brasil, assegurar satisfação dos clientes, atender às expectativas dos acionistas e contribuir para o desenvolvimento do país".
- Chesf (Companhia Hidrelétrica de São Francisco) – "Ser a melhor empresa de energia elétrica do país, reconhecida pela sociedade e pelo orgulho dos seus funcionários".
- Microsoft (na década de 80) – "Um computador em cada escritório e em cada lar, com software da Microsoft".
- IBM (Mr. Watson, em 1914) – "O melhor serviço ao cliente, respeito pela pessoa e lutar pela perfeição".

2ª Característica — A capacidade e a competência dos líderes em mobilizar e revigorar grupos em torno dos objetivos e da competitividade.

A empresária Luiza Trajano, do Magazine Luiza, todas as segundas-feiras pela manhã, de mãos dadas com os funcionários, canta o Hino Nacional, o hino da empresa e faz uma oração com objetivo de reforçar o comportamento em busca das metas, discutir desempenho, maneiras de melhorá-lo e incorporar no seu pelotão de 8.000 profissionais o jeito de ser da empresa. No âmago desse traço de cultura organizacional, estão encarregados, supervisores, chefes, subchefes, gerentes, diretores, superintendentes preparados e treinados para exercer a melhor liderança influenciadora, de confiança, sem estrelismos, e motivadora para um comportamento competitivo. Com essa estratégia, Magazine Luiza pulou de 32 lojas para 354 e é a terceira maior cadeia de eletroeletrônicos, com faturamento em torno de R$ 2 bilhões, anualmente.

Dessa forma, são os fundadores e os executivos atuais os maiores empreendedores e são essas lideranças empresariais que:

- orientam todas as crenças e os valores;
- escolhem os objetivos e as diretrizes estratégicas;
- adotam os controles que orientam os comportamentos desejados, com reforços positivos e algumas vezes com críticas construtivas;
- criam uma malha de informação em nível de lideranças gerenciais com encontros periódicos.

Os líderes naturais e eleitos são os iniciadores do processo do novo rumo cultural ou do seu refortalecimento, pois são eles que:

- induzem à visão;
- estabelecem a missão;
- formulam a estratégia;
- definem a tecnologia;
- definem o estilo gerencial.

A alta hierarquia deve ter o firme comprometimento dos seus dirigentes de se considerarem parte do processo.

Essa estrutura superior da organização deve ser competente para definir quem será o Líder Revigorador que terá a tarefa de coordenar o processo em suas diversas fases: preparatória, de implantação e de consolidação[11]. A seguir, alguns traços desse Líder Revigorador, que terá a função de conduzir um projeto de motivação em uma empresa.

OS DEZ TRAÇOS DE EFICÁCIA
PRAGMÁTICA DO LÍDER REVIGORADOR

- Conhecer bem todas as pessoas que trabalham diretamente com você (colaboradores e superiores) e criar algum vínculo no corpo a corpo.
- Definir metas e papéis de todos os colaboradores e cobrar com acompanhamento (*follow-up*).
- Comunicar-se melhor com colaboradores através de reuniões produtivas. Com pares, superiores e colegas de outros setores através de muito contato e *network*.
- Incentivar o "algo-mais", a criatividade, a iniciativa e o autodesenvolvimento das pessoas.
- Elogiar em público e repreender em privacidade, após os fatos. Dar *feedback* e avaliar o desempenho profissional, pois o futuro dos funcionários depende também dessas ações do líder.
- Evitar comentários negativos em relação à organização, aos fatos e às pessoas da sua linha para baixo. Fazê-lo apenas da sua linha para cima e com muito cuidado.
- Encarar conflitos, intrigas e desafios do campo interpessoal de forma natural, buscando soluções olho no olho, sem adiamentos.
- Delegar responsabilidades, dar poder às pessoas, descentralizar e acompanhar (*follow-up*).
- Ter tempo para promover um clima organizacional alto-astral, como também uma cultura de qualidade de vida responsabilidade social e ambiental.
- Ser visionário, apaixonado, vibrador, ter sentido de urgência. Ser uma força positiva ética, inspiradora e de confiança.

---

[11] ALVES, Sérgio. *Revigorando a Cultura da Empresa*, Ed. Makron Books, p. 33, 1998.

ATENÇÃO 1

Nos nossos cursos e seminários, ensinamos passo a passo esses dez traços anteriormente descritos a novos jovens líderes, líderes já com alguma experiência, empresários, executivos e estudantes.

ATENÇÃO 2

É preciso que as pessoas que leram o *best-seller* o *Monge e o Executivo*, leiam também um outro livro com o título *The No Asshole Rules* (*Como Sobreviver a Líderes Bossais e Babacas*), cujo autor é o conceituado professor de administração Robert Sutton, da Stanford University. Nesse livro, ele detecta os traços dos líderes babacas, recomendando para evitar a contratação e a promoção deles. Ensina, também, como não envolver-se com o *"cabra"* emocionalmente, se alguém não puder largar o emprego. O certo é que 99% das pessoas que ocupam cargos de chefia nas empresas em todo o mundo são deslumbrados, imaturos e sem nenhuma capacitação para criar a melhor relação empresa-funcionário-produtividade com qualidade, e ponto final.

ATENÇÃO 3

Se você tiver dúvidas sobre sua atual competência e maturidade em liderar pessoas, então, faça seu autoteste de liderança, conforme a seguir. O teste é dividido em cinco blocos de afirmativas que reúnem as habilidades comportamentais principais de um líder preparado e influenciador de resultados positivos:

Habilidades Gerenciais, Eficácia Pessoal, Habilidades com Equipe, Lidar com Pessoas Difíceis e Liderança Situacional, totalizando 10 quesitos.

Dê nota 1, se você se achar *fraco* no item analisado.

Dê nota 2, se você se achar *mais ou menos*.

Dê nota 3, se você se achar *bom/ótimo* no item analisado.

A AUTO-AVALIAÇÃO DO LÍDER

Habilidades Gerenciais

1. Metas com Superiores (Você acha que corresponde ao seu chefe?)
Nota: [1] [2] [3]
2. Metas dos Colaboradores (Você ajuda seus colaboradores a atingir suas metas?)
Nota: [1] [2] [3]
3. Análise de relatórios, de números (Você lê relatórios, estatísticas, mapas com números do seu setor?)
Nota: [1] [2] [3]

Eficácia Pessoal

4. Tomada de Decisões (Você é rápido nas tomadas de decisão?)
Nota: [1] [2] [3]
5. Contato com pares, outros setores, seu *network* (Você faz contato ou mantém bom clima com os colegas?)
Nota: [1] [2] [3]

Habilidades com Equipe

6. Reuniões Produtivas (Você sabe fazer uma reunião produtiva periodicamente?)
Nota: [1] [2] [3]
7. Delegação/Acompanhamento (Você sabe delegar?)
Nota: [1] [2] [3]

Lidar com Pessoas Difíceis

8. Resolução de conflitos (Você encara conflitos com maturidade e de forma natural?)
Nota: [1] [2] [3]

Liderança Situacional

9. Elogiar, orientar, dar *feedbacks*...O Vulcão das Relações Humanas (Você sabe elogiar?)
Nota: [1] [2] [3]
10. Avaliar os Colaboradores (Você sabe avaliar seus colaboradores?)
Nota: [1] [2] [3]

TOTAL das Notas [   ]   Veja o gabarito na página seguinte.

> **Resposta do Autoteste**
> - Entre 30 e 25 pontos, você tem boa liderança.
> - Entre 24 e 20, precisa melhorar alguns pontos urgentemente.
> - Abaixo de 20, você deve investir bastante em cursos e material didático que possam ajudá-lo nessa habilidade profissional.

É de extrema importância treinar gerentes e líderes informais, obtendo, assim, um comitê multissetorial, constituído de pessoas com elevada capacidade técnica, reconhecida por todos, e de habilidade interpessoal para facilitar, pulverizar e contaminar todos os colegas, nas diversas etapas do processo. Assim, é possível:

- assegurar a viabilidade das mudanças;
- sintonizar pessoas e recursos materiais ao processo;
- zelar pelo processo;
- sugerir ajustes;
- conscientizar todos dos avanços e dos recuos.

Um consultor externo pode também ajudar a esse grupo *prata da casa*.

Em entrevista, recentemente, na revista *HSM Management,* de administração e negócios, John P. Kottler falou sobre os líderes necessários:

> *... cada vez mais, a liderança nas empresas não é exercida por uma única pessoa, ela deve vir de muitas pessoas. As companhias são demasiadamente complexas e o ambiente está se transformando rápido demais para que uma só pessoa possa lidar com tudo isso.*
>
> *... a dimensão e a necessidade de liderança dependem da quantidade de mudanças no ambiente externo. À medida que aumentam as mudanças, a necessidade de lideranças também aumentará. Por essa razão, precisaremos de um número crescente de pessoas ocupando cargos de gerência, mas não para o gerenciamento em si, mas para a liderança nas diversas esferas da hierarquia organizacional.*

3ª Característica – O engajamento irrestrito dos funcionários – comprometer-se, além de envolver-se.

Toda organização precisa buscar a reciprocidade e a mediação na relação Capital x Trabalho. Sabemos até demais que as organizações, mais especificamente, as empresas, mobilizam uma gama de recursos administrativo, financeiro, tecnológico e humano a fim de alcançarem bons resultados. Porém, a empresa deve, além de desejar um comportamento previsível de motivação e resultados, reconhecer que as pessoas almejam ascender a níveis mais altos de conquistas, tanto no ter (bens materiais, estímulos e reforços externos) quanto no ser (crescimento como pessoa, auto-estima, auto-realização). Cabendo a todos que querem mais comprometimento, participação funcional, voluntariedade, tanto da elite que controla, quanto dos funcionários, estabelecer compromissos gerais, bilaterais viáveis, práticos e importantes.

As empresas altamente competitivas de hoje pegam o mote do engajamento 360º para definir a melhor maneira de se ter um time motivado. A Masterfoods, fabricante das rações Pedigree, Whiskas, arroz Uncle Bens, chocolates MM, molhos etc., líder mundial em alimentos com mais de 60 fábricas e 100.000 funcionários espalhados pelo mundo, paralisa um dia inteiro todas as unidades para celebrar o C-DAY(*communication day* – dia da comunicação). O objetivo é estreitar laços profissionais, lançar metas, compartilhar projetos, ações e solicitar engajamento. Neste ano, fizemos a conferência de encerramento para a unidade de Abreu e Lima em Pernambuco. Que evento fantástico!

Contratar o recurso humano mais adequado à cultura da empresa, capacitá-lo, cobrar e avaliar desempenho comportamental, técnico e os resultados gerados fazem parte do repertório atual dos planejamentos estratégicos da maior parte das organizações de sucesso sustentável e duradouro.

Esse engajamento ou comprometimento deve ser criado por um atraente programa de remuneração variável, em paralelo com uma massiva cobrança de metas por resultados.

O vice-presidente de planejamento da Braskem, Augusto Mendes, afirma: "...Se o resultado for extraordinário, a remuneração será extraordinária. Porém, se não atingir as metas, ninguém ganha nada".

Logo, no âmago do engajamento, estão programas de incentivo e de reconhecimento do mérito, baseados em uma cultura de mérito, do elogio, da crítica positiva, da cobrança e da avaliação de desempenho, com menos apadrinhamentos, fisiologismos e "sem comer o fígado de ninguém".

No Capítulo 3, item 3.7 deste livro, conceituaremos e defenderemos o Poder do Elogio como um atributo necessário e vital para que as pessoas se engajem mais e melhor na vida profissional e pessoal, dentro de uma cultura de competitividade e comprometimento.

Obs.: Somos o primeiro no mundo a definir os tipos de elogio; dissecar e conceituar a bioquímica; relatar a visão religiosa, os porquês de as pessoas não elogiarem e pregar a força de elogiar pessoas para se conseguir a verdadeira motivação nas organizações e nas famílias. Portanto, não deixe de conhecer a fundo esse pioneirismo literário.

ENTENDENDO CLIMA ORGANIZACIONAL

Não se deve confundir clima organizacional com cultura. O clima organizacional está associado a um momento específico a um dado constante. Qual o nível de qualidade de integração interna dos líderes com líderes, dos líderes formais com os informais, enfim, de todos que compõem a empresa? Há desconfiança? Há confiança, tensão, conflitos em demasia, descontração e prazer?

Muito embora um clima saudável ou a existência entre as pessoas no espaço geral da empresa não seja um fim em si mesmo e não garanta seus lucros ou resultados, ele é o meio para a potencialização do fortalecimento ou da mudança da Cultura Organizacional.[12]

Na Disney, os funcionários são considerados membros de elenco e são tratados pela empresa como ela espera que os funcionários tratem os clientes. Para a Disney, tecnologia e rotina não criam engajamento. O que faz existir um compromisso é o fato de a empresa tratar bem os funcionários. Dessa forma, cria-se uma empresa forte com os funcionários inteiramente motivados e dando como reflexo o

---

[12] ALVES, Sérgio. *Revigorando a Cultura da Empresa*. Ed. Makron Books, p. 3, 1998.

bom atendimento ao cliente externo. Veja como o reflexo desse clima organizacional revela uma cultura organizacional forte na Disney:

- **Cortesia**: todos os funcionários querem ser os mais amistosos do mundo e a empresa também exige que sejam.
- **Eficiência**: todos os funcionários trabalham sério, enquanto os outros se divertem. Para conseguir um bom show, é necessário realizar um cuidadoso trabalho de equipe.
- **Segurança**: todos sabem prestar os primeiros socorros.
- **Show:** o show é entendido por todos que deve ser perfeito. Funcionários não devem mascar chicletes, beber, fumar ou se sentar enquanto estão em cena.

No Brasil, um "Clima Organizacional Ideal" é aquele parecido com as vésperas de Natal, Ano-Novo, Carnaval e jogos do Brasil na Copa do Mundo, quando todos se cumprimentam, sorriem, falam-se, abraçam-se, nos corredores, nos *halls*, nos elevadores, em toda a empresa. Por que não pelo menos tentar imitar esse clima organizacional, do mais alto ao mais baixo escalão, todos os dias?

2.3. ...Então, Assim Sendo, Cultura Organizacional é...

Um padrão complexo de crenças[13], valores[14], pressupostos[15], símbolos[16], máquinas, móveis e utensílios, normas e políticas que devem ser difundidas na empresa pelos canais de comunicação, pela maior ou menor quantidade de comunicação verdadeira e original, e pela adesão maior ou menor dos mitos, das estórias, dos rituais e de abrangência no processo cultural inteiro, como diz Sérgio Alves no seu livro *Revigorando a Cultura Organizacional*.

Esse conjunto de elementos culturais é o reflexo das escolhas ou das preferências da liderança empresarial. De forma consciente ou inconsciente, é compartilhado por todos da empresa, tanto no ambiente interno, como para o reflexo no ambiente externo.

A Cultura Organizacional é tão extraordinariamente capaz de ser definida devido aos diversos conceitos e subconceitos daí decorrentes que, metafisicamente, poderíamos dizer, sob o aspecto antropológico,

---

[13] Crença – É um juízo produzido sob a influência de alguém ou algo em que confiamos. É a perspectiva que damos como carta e é base para o entendimento das coisas. Elas evoluem no tempo, no sentido de sua confirmação ou contestação, conforme a experiência vivida.

[14] Valores – São idéias, reflexões e sentido compartilhados que as pessoas têm do que é vital, importante e acessível para o grupo a que pertencem. Nascem do ambiente que circunda o indivíduo (percepções, aprendizagens, convivências, educação familiar) e são guias que dão sentido à vida dos membros do grupo, correlacionando e juntando duas atividades. Exemplo de alguns valores de empresas conhecidas: SEARS: "A satisfação garantida ou seu dinheiro de volta"; MOTOROLA: "Tudo pela qualidade"; GENERAL ELECTRIC: "O processo técnico é o nosso mais importante produto"; HEWLETT-PACKARD: "Honramos nossas obrigações para com a sociedade em que operamos"; COCA-COLA: "Sempre Coca-Cola".

[15] Pressupostos – São conjecturas antecipadas ou respostas prévias sobre o que é, o que se faz, o que acontece. Qualquer ação positiva pode tornar-se um pressuposto.

[16] Símbolo – É uma representação mental de uma situação, objeto, pessoa ou organização. Serve como veículo de um significado, geralmente representado por uma outra coisa.

que a Cultura é uma espécie de lente, através da qual as pessoas vêem o mundo e que as leva a considerar o seu modo de vida o mais natural, segundo Sérgio Alves.

Se quisermos modificar a Motivação Organizacional, é imprescindível que se aborde também dentro da coletividade da empresa os seguintes itens:

- salários e benefícios;
- oportunidades de carreira;
- segurança e confiança na gestão;
- orgulho do trabalho e da empresa;
- clareza e abertura na comunicação interna;
- camaradagem no ambiente de trabalho;
- treinamento e desenvolvimento de cada produto, técnico e pessoal;
- inovação e criação de novos métodos no sistema de trabalho.

Fica claro que os novos líderes, dirigentes e formadores ou multiplicadores devem ter como prioridade efetiva na sua missão profissional criar uma força de trabalho satisfeita e motivada.

Esse esforço é percebido e aderido por todos os funcionários incondicionalmente.

Na última pesquisa da revista Exame, "Melhores Empresas para Você Trabalhar" (ed. 669), tem-se que o pressuposto básico para movimentar de forma próspera e produtiva a Cultura Organizacional foi a convicção estratégica e a disposição de investir pesado em práticas e políticas de recursos humanos. E o mais importante: vem conseguindo um alto grau de comunicabilidade eficaz e promovedora dos resultados dessa política.

Ficou provado, nessa pesquisa com 200 empresas, que só oferecer excelentes condições materiais de trabalho (estímulos e reforços positivos/recompensas) não garante a satisfação e a motivação dos funcionários, como garantem os fatores abaixo:

- perspectivas reais de crescimento;
- valorização, reconhecimento e respeito em público incondicional pelos superiores;
- abertura para poder comunicar do mais baixo ao mais alto escalão, ter liberdade de expressão.

Esses são fatores que influenciam fortemente a conduta e a *performance* individual. Entrar em uma empresa e ter a certeza de que os esforços do dia-a-dia serão recompensados por novas funções, por mais aprendizado, por autonomia e por cargos de maior importância, faz com que haja motivação; a pessoa "brigue" pela empresa e, principalmente, permaneça nela.

Atente para um texto *clipado* da revista Exame edição nº 893, de 23 de maio de 2007, no qual o renomado consultor de Michigan, nos Estados Unidos, C. K. Pralahad destaca algumas de suas idéias em relação à cultura e ao clima nas empresas atuais:

> ...Toda empresa já nasce imbuída de um espírito competitivo. O desejo de ser único, de ser o melhor em seu setor é algo que está no DNA das empresas. Isso vale tanto para a gigante como Wall Mart, Toyota (a maior montadora atual), como para as novatas, exemplo: YouTube.
>
> ... Acho que o foco da empresa não deve estar na concorrência, mas naquilo que acontece dentro da companhia.
>
> ... As empresas precisam instigar em cada um de seus funcionários a vontade de crescer, mas de uma maneira construtiva.
>
> O Google é um ótimo exemplo disso. Lá, cada um é incentivado por seus fundadores Larry Page e Sergei Brin, e todos estão imbuídos em desenvolver novos produtos e serviços. Ou seja, em gerar mais caixa para a companhia. Mas eles (os líderes da Google) não fazem isso tentando "comer o fígado" de quem trabalha ao lado deles. Eles têm a perfeita consciência de que a disputa se dá entre o Google e outros – e não entre eles mesmo dentro da empresa.
>
> ... Qualquer pessoa gosta de ultrapassar os próprios limites, de chegar aonde ninguém chegou.
>
> ... Na minha opinião, o maior desafio não é estimular as pessoas a competir, mas sim fazê-las cooperar.
>
> C. K. Pralahad – Professor da Universidade de Michigan, autor do livro *A Fortuna na Base da Pirâmide*, consultor da Unilever, Philips e IBM.

Portanto, definida a Visão e explicitados os Valores que indicam os caminhos empresariais para o sucesso, é importante e extremamente necessária a elaboração de uma estratégia global, de forma a manter a empresa focada nos objetivos a alcançar. Porém, essas metas e objetivos devem ser plausíveis, compatíveis com as intenções e os recursos materiais e pessoais.

A elaboração da estratégia, entretanto, não é um fim em si mesma. Afinal, não bastam só idéias. Precisa-se de pessoas (líderes) que as viabilizem e as concretizem: Churchill não conduziu a resistência inglesa, durante a Segunda Guerra Mundial, mostrando gráficos, pesquisa de opinião ou planilhas de análise competitiva, nem o Betinho se utilizou desses recursos para mobilizar a população para o projeto "Ação pela Cidadania". Houve, sim, uma atitude diferenciada e focada.

2.4. Tipos Básicos de Cultura Organizacional

Conforme Sérgio Alves, existe um punhado de Culturas Organizacionais identificáveis, quando percebemos melhor sua Dinâmica Humana. Talvez algumas culturas sejam a própria mistura de todas, mas, com certeza, uma dessas a seguir irá sempre ter um peso maior em cada uma das Organizações pelo mundo afora.

Abaixo, então, você fica com os tais perfis das Culturas.

1. Afiliativa

a. A gestão participativa e centrada na pessoa, com seus membros ajudando cada um e todos.

b. Construção das relações interpessoais como fato principal.

c. Relação aberta, vivência junta das emoções.

2. Contemporizadora

a. Conflito é evitado.

b. Preserva os relacionamentos.

c. Não há incentivo para críticas ou opiniões contrárias.

3. Passiva

a. As pessoas convivem entre si, desde que não haja riscos à segurança profissional.

b. O superior e os colegas influenciam no comportamento.

4. Convencional

a. Muito controle burocrático e administrativo, conservadora.

b. Muitas regras e práticas em um ritual rigoroso de cumpri-las.

c. Hierarquia pesada (muitos vices, diretorias, assessorias executivas, gerência), com quatro ou mais níveis de executivos, e muito poder posicional e pouco poder pessoal dos que lá trabalham.

5. Agressiva
a. Enfatizam-se as tarefas.
b. Incentivo ao perfeccionismo e à competição.
c. Valorizam o *status* funcional e a estabilidade na posição.

6. Punitiva
a. Erros penalizados.
b. Não se premiam acertos.
c. Falta de produtividade (imobilismo).

7. Empreendedora
a. Vão em busca de metas claras e precisas.
b. Dão incentivo ao crescimento individual.
c. Celebram as conquistas das tarefas.
d. Sintonizados com padrões de excelência.

8. Construtiva
a. Espírito de equipe, grupo e time.
b. Muita interação entre os funcionários de todas as áreas: técnica, vendas e administrativa.
c. Cada área é ouvida, e a empresa como um todo mantém elevado grau de motivação individual.
d. A auto-realização é encorajada.
e. Elevado prazer e orgulho nas tarefas individuais.

9. Orientada por projetos
a. Motivação e recompensa se dão pelo desempenho.
b. Conflito administrado a partir da tarefa.
c. Aprendizado centrado no problema.

10. Orientada para papéis
a. Motivação e recompensa provêm de promoções.
b. Relacionamento com base na hierarquia.
c. Aprendizado lógico-analítico.
d. Formalismo centrado em tarefas.

11. Orientada para o poder

a. Motivação é intrínseca, baseada nas carências pessoais.
b. Orientada para a pessoa.
c. Aprendizado é intuitivo-holístico.

12. Realizadora

a. Ressaltam-se o igualitarismo, a informalidade, a participação e a descentralização.
b. Orientada para a pessoa.
c. Processo como fator de aprendizagem.[17]

---

[17] Cf. ALVES, Sérgio. *Revigorando a Cultura da Empresa*, São Paulo, Makron Books, p. 50, 1998.

2.5. Quem tem Cultura Organizacional Forte, por aí?

Administrar por Valores claros, definidos e impregnados no dia-a-dia da empresa, contando com todos os colaboradores e acionistas, é um grande desafio. Muitas das organizações que aparecem na revista *Fortune 500* [18] ou na *Exame – Melhores e Maiores*[19], utilizaram o método MBV – *Managing by Values* – (Administrando pelos Valores da Organização), o qual foi teorizado por Ken Blanchard.[20]

Segundo Blanchard, ter uma Cultura Organizacional motivada significa ter a organização baseada em três pilares:

- missão, propósito e valores "claros" e bem-definidos;
- missão, propósito e valores "comunitários" totalmente impregnados na organização;
- missão, propósito e valores "alinhados" às nossas práticas diárias, na rotina do dia-a-dia (vide Fluxograma do Processo – MBV na pág. 55).

A McDonald's[21], fundada em 1954 por Ray Kroc, um distribuidor exclusivo de um batedor de *milk-shakes*, ouviu falar de um restaurante, em Pasadena – Califórnia, tão movimentado que usava oito de seus batedores de sorvete. Resolveu, então, ver de perto e conheceu

---

[18] Revista **Fortune 500** – Revista americana de negócios que anualmente publica a relação das 500 melhores empresas nos EUA.

[19] Revista **Exame** – Revista brasileira de finanças, administração e negócios que anualmente publica a relação das 500 melhores e maiores empresas.

[20] Ken Blanchard – Famoso consultor internacional, autor dos livros *One Minute Manager* (Gerente Minuto), e *Managing by Value* (Administrando pelos Valores), em parceria com Michael O'Connor.

[21] McDonald's é a maior rede de restaurantes de fast-food do mundo. Fatura em torno de U$ 33,6 bilhões, presente em 109 países, mais de 23 mil restaurantes, consome cerca de 11.923 toneladas de carne e 13.871 toneladas de batata.

o trabalho dos irmãos Richard (Dick) e Maurice (Mac) Donald, que se baseava em três Valores:

- servir rapidamente;
- menu limitado;
- sistema *Drive-in*.

Impressionado, Ray Kroc propôs aos irmãos criar uma rede de restaurantes. E hoje, após 45 anos, os valores são (QSC&V):

- qualidade (*quality*);
- serviço (*service*);
- limpeza (*cleaning*);
- valorizar os colaboradores (*value*).

Já na Disney, os valores que garantem a fórmula do sucesso estão descritos a seguir:

• Experiência de qualidade para o elenco

Agem para dar destaque às pessoas responsáveis pela criação dessa experiência para hóspedes e pela execução das práticas comerciais. À medida que o elenco Disney continua crescendo, reconhece a importância de manter uma experiência de qualidade do elenco, tornando-se cada vez mais importante. Afinal de contas, são essas pessoas que darão vida à sua magia de sucesso.

• Experiência de qualidade para os hóspedes

É imperativo para a Disney enfatizar o fato de que são os hóspedes que as motivam. Os hóspedes são o foco de tudo que se faz. Continuamente, irão exercer as expectativas dos hóspedes. Esse é o porquê de estarem no negócio.

• Práticas comerciais de qualidade "como seremos bem-sucedidos"

É necessário manter um equilíbrio saudável, atendendo às necessidades dos hóspedes mediante práticas comerciais de qualidade – fomentando a mistura de preço, marketing e inovação.

A cultura da Disney está baseada em:
- herança e tradições;
- valores;
- padrões de qualidade;
- traços e atitudes.[22]

Os executivos da Coca-Cola[23], tinham fama de estarem voltados apenas para metas, números, datas e de acochar os funcionários em busca dos números. Hoje, o novo valor da empresa é contatar, conectar e integrar-se com todas as pessoas para promover satisfação em trabalhar e manter a chama da missão e dos valores.

Já na Federal Express (Fedex[24]), os seus valores são calcados na seguinte filosofia, impregnada em todas as áreas de comando da empresa:

- nunca, rigorosamente nunca, consegue-se fazer o suficiente pelas pessoas;
- as recompensas são absoluta e definitivamente tudo;
- um grama de inspiração vale tanto quanto um quilo de controle;
- todos colaboram;
- uma cultura vencedora engloba outras culturas;
- problemas são também oportunidades;
- a primeira regra é mudar todas as regras;
- quem duvida está perdido (mas é preciso olhar antes de dar o salto);
- erros devem ser superados;
- software quer dizer poupança, serviços e vendas;
- a imagem é a realidade (quando se trabalha nesse sentido)[25].

---

[22] Cf. Material didático Seminário Disney Style, sobre método de Gestão, em Orlando, Flórida – EUA, 1996.

[23] A Coca-Cola é a maior empresa de refrigerantes do mundo, com sede em Atlanta – EUA, relacionada entre as cinco mais valorizadas marcas do mundo.

[24] Federal Express (FedEx) é a maior empresa americana de entrega de encomendas, fundada em 1973, em Memphis no Tennessee – EUA; fatura anualmente mais de U$10 bilhões e movimenta diariamente mais de 2,5 milhões de artigos. Possui mais de 124 mil funcionários e está presente em 211 países.

[25] Cf. Revista **HSM Management**, edição n° 4, p. 50, setembro/outubro, 1996.

A Fedex, a partir de uma estrutura de pirâmide invertida – o cliente no topo e os líderes no vértice e em baixo – está alinhada em um modelo de *Empowerment,* ou transferência de poder, ao treinamento constante dos funcionários, em produtos, novas maneiras de fazer e de crescimento pessoal, seguido de uma orientação clara para o atendimento ao cliente. São essas as premissas que norteiam as operações da Fedex.

O fluxograma, a seguir, é o modelo de como, na prática, o processo MBV de Ken Blanchard deve ser aplicado nas empresas no seu dia-a-dia, definindo detalhadamente os escopos de cada fase, as ações, as tarefas e as missões das pessoas, dos grupos e dos times, como também da cúpula da organização.

Fluxograma do Processo MBV
Managing by Values (Gerenciando por Valores)

Fase 1 – Deixando Claro a Missão e os Valores Através dos:

- acionistas majoritários;
- alto escalão;
- gerência de unidades;
- funcionários.

Fase 2 – Comunicando a todos Missão e Valores

- Eventos da Matriz e Sucursais/Filiais (unidades) (encontros, celebrações, festa de reconhecimento, convenções regionais e nacionais periódicas).
- Material de comunicação fartamente distribuído (*posters*, brochuras, *pins*, *bottons*, mensagens motivacionais semanais, camisas sazonais e institucionais do projeto).
- Mecanismos de comunicação formal (*newsletter*, boletins das unidades, *house-organs* etc.).
- Práticas de comunicação informal (memos, fax, e-mail, *deskpaper* (bilhetes personalizados, *hot site* etc.).

Fase 3 – Alinhamento dos nossos valores com a prática do dia-a-dia

Práticas Individuais	Práticas em Time, Grupo e Equipe	Práticas de Organização
• Automotivação e desenvolvimento. • Soluções de problemas e decisões. • Prática de autonomia e liderança.	• Fazer parte de Comissões. • Dinâmica de grupo para os processos de implantação e mudanças. • Criar times de alta *performance*, fazendo com que cada setor tenha suas próprias metas e acompanhar sua *performance*.	• Desenvolvimento e gerenciamento de estratégia. • Definição da Cultura e processo organizacional. • Gestão de escassez dos recursos. • Política de reconhecimento e premiação.

Fase 4 – Revisão e Reavaliação para Melhoria Contínua com o *by out*

Capítulo 3

A Motivação na Prática

Um bom lugar para trabalhar nem sempre é uma empresa lucrativa. Mas as empresas lucrativas terão que ser sempre um ótimo lugar para se trabalhar.

3.1. O que é Motivar, na Prática, Dentro da Empresa

Como seria o perfil de uma empresa com o pessoal motivado e com Cultura Organizacional bem-definida, promovida e comunicada? Será que só bons salários é o suficiente para uma empresa ser considerada a melhor para se trabalhar e de melhores resultados contábeis? Por que tratar bem os funcionários? Será que mais práticas de Recursos Humanos significam mais satisfação e motivação?

Nos últimos anos, simplesmente caiu por terra a crença de que não existe ligação entre um bom empregador e ganhar muito dinheiro. Cada vez mais, as evidências demonstram, de forma esmagadora, que as melhores empresas para se trabalhar são as que têm obtido maior sucesso. Uma dessas empresas foi a vencedora na mesma lista com faturamento de U$ 3,5 bilhões e lucro líquido de U$ 293 milhões. Outra comparação, no *ranking* da revista *Fortune 500,* mostra que das 100 maiores e melhores empresas americanas o *retorno de capital, foi, em média, em torno de 23,4%, ao passo que as outras três mil maiores e melhores empresas americanas tiveram retorno do capital de* 14,8%. Outro dado da meritocracia das 100 maiores e melhores empresas do *ranking* americano é que suas ações isoladas subiram em torno de 25%; já o índice Dow Jones[26] subiu apenas 13,2%.

Um empresário cético poderia dizer que resultados como esses são até interessantes, mas não são provas muito convincentes. Afinal, as empresas listadas no *ranking* das revistas *Exame* e *Fortune 500* fazem parte de um grupo extraordinário e seleto. Essas provas não faltam e foram recolhidas pelo *Departamento do Trabalho do Governo dos Estados Unidos,* em 1993, com uma pesquisa chamada *Práticas Trabalhistas de Alto Desempenho Corporativo,* realizada nos Estados Unidos, no

---

[26] Índice Dow Jones é o índice utilizado na Bolsa de Valores de New York, para medir as variações diárias das ações.

Japão, na Suécia e na Itália, quando se constatou que das 700 empresas analisadas todas foram classificadas como as mais progressistas e menos progressistas de acordo com:

- projeto de carreira;
- compartilhamento das informações;
- participação nos lucros;
- avaliação de desempenho;
- sistemas de promoção;
- seleção de pessoal.

As que ganharam o título de mais progressistas tiveram um retorno bruto sobre o capital investido duas vezes maior que as consideradas menos progressistas. Diante dessas informações, os pesquisadores do Departamento do Trabalho chegaram a três grandes conclusões:

- a maior parte desses estudos mostra que existe de fato uma relação positiva entre práticas de trabalho progressistas com os binômios Produtividade/Lucratividade, Motivação Pessoal/Cultura Organizacional;
- combinar práticas é o método mais eficaz. Os melhores resultados são conseguidos quando existe dentro da empresa equipes/comissões internas de trabalho multissetorial e participação nos lucros;
- o impacto das práticas positivas aumenta a longo prazo. Diversos estudos revelam que o benefício de práticas inovadoras é pequeno nos primeiros anos, aumentando nos anos seguintes (*Exame* nº 669).

3.2. Quem Queremos Motivar Dentro da Empresa?

Como vimos nos dois primeiros capítulos deste livro, não há motivação se não houver motivos internos, fisiológicos e psicológicos vindos de dentro de cada pessoa.

Falar sobre motivação é paradoxal. Primeiro, porque, por mais que se fale a outras pessoas sobre o assunto e das formas ou receitas de motivação, não se pode esperar que elas se motivem com nossa fala.

Segundo, se a primeira premissa é verdadeira, para que então servem tantos treinamentos, campanhas e projetos motivacionais?

Será que toda a parafernália do *endomarketing*, todas as técnicas e piruetas dos consultores e treinadores não têm mais valor? E o que os colaboradores e os funcionários ficarão pensando de tudo isso daqui pra frente? E os acionistas?

Êpa! Ninguém precisa se desesperar assim! Afinal, motivação está ligada à emoção e não à razão. E, como emoção nunca vai acabar no ser humano, logo a condição de existir motivação será sempre infinita.

Todos sabem que não existe um *"motivômetro"*, mas se vê o quanto de emoção e brilho nos olhos uma pessoa carrega no seu dia-a-dia. São essas as pessoas que dificilmente irão esmorecer com situações de dificuldades e de obstáculos. E são elas que interessam às empresas. São elas que dão mais idéias, criam mais e comprometem-se mais com a equipe, com o grupo e com o time organizacional.

É bastante óbvio que a ideologia da motivação de que trata este livro serve para a pequena, média e grande empresa privada; para a empresa nacional e transnacional; para as empresas públicas de administração direta e indireta; para os hospitais e até mesmo para as ONGs, pela simples razão de que em todas elas há gente, ansiedade, expectativas, erros, acertos, "puxadas de tapete" e "tapinhas nas costas". Nelas, existem homens e mulheres.

Entender como funciona uma empresa privada, de qualquer ramo e setor, é mais fácil, pois em todas existe a estrutura esquematizada na Figura 1:

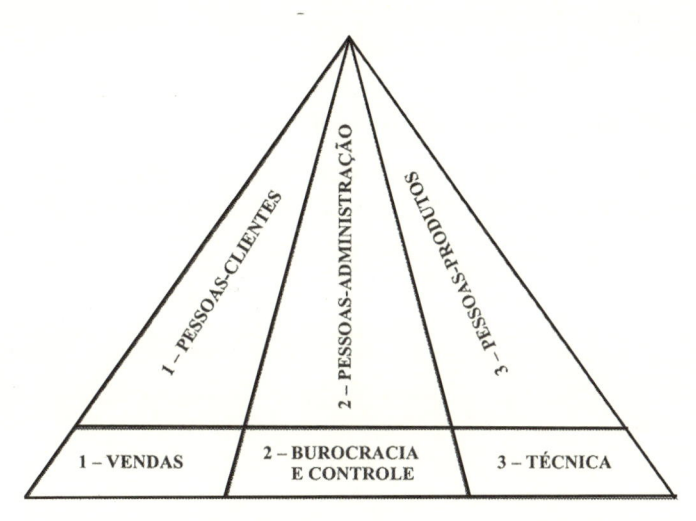

Figura 1. Esquema Tradicional da Empresa Privada: Piramidal Vertical

Existem três grandes grupos de pessoas trabalhando nesses ambientes, conforme descritos a seguir:

1. GRUPO-SEGMENTO FORMADO POR PESSOAS – CLIENTES

Funcionários que vendem produtos/serviços, ou seja, pessoas que mantêm um contato direto como o maior ativo de uma empresa, que é a base de clientes efetivos e potenciais. São os vendedores, ou a área comercial própria ou terceirizada.

2. GRUPO-SEGMENTO FORMADO DE PESSOAS – ADMINISTRAÇÃO

Pessoas que não vendem nem elaboram produto (técnicos). Não se inter-relacionam nem com o cliente, nem conhecem a fundo as características dos produtos/serviços comercializados pela Empresa. São os setores de contabilidade, contas a pagar, Recursos Humanos, almoxarifado, finanças e controle patrimonial.

3. GRUPO-SEGMENTO FORMADO DE PESSOAS – PRODUTOS

Funcionários que criam Produtos/serviços, ou seja, pessoas que estão envolvidas com a elaboração do produto e dos serviços, projetando, testando, estudando as melhores formas e customizando para o melhor desempenho em vendas e fidelização de clientes externos. São o Marketing, a Tecnologia da Informação, a Produção etc.

Todos esses três grupos estão presentes em maior ou menor proporção nos mais diversos tipos de empresas em qualquer lugar do mundo.

Já na **Empresa Pública**, na qual o órgão gestor são os governos, prefeituras, a composição é feita de secretarias ou ministérios, além da administração direta e indireta, burocrática e técnica (Figura 2).

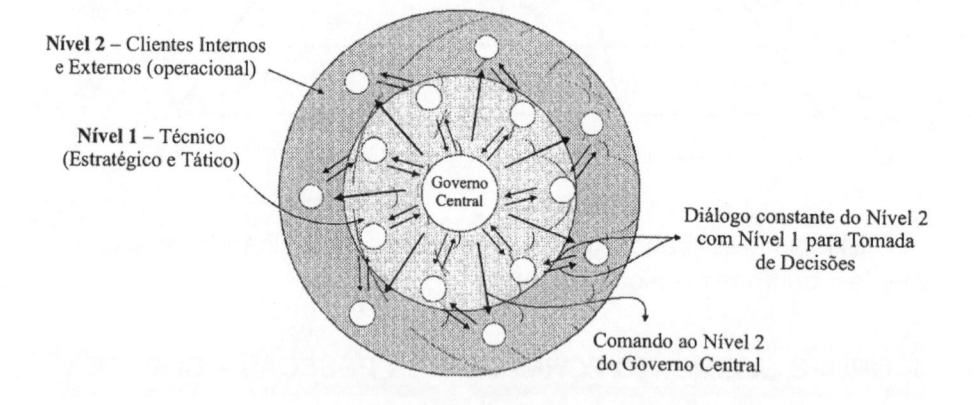

Figura 2. Esquema Tradicional da Empresa Pública: Centro-Periferia

Podemos afirmar que o modelo básico padrão da Empresa Pública é: Pessoas-Clientes, "confundindo-se" Pessoas-Administração com Pessoas-Produtos. A prestação do Serviço Social na ponta, até certo ponto, é vendas, liderada, podemos dizer, pelos ministérios ou pelas secretarias e empresas mistas.

O QUE É O NÍVEL 1?

É onde estão todas as pessoas técnicas que elaboram as ações estratégicas e táticas para a administração direta e indireta.

É nele que o Governo Central consulta, pede direção e velocidade. E é nesse nível que se define bom ou mau modelo de condução política, social e econômica do Governo. Após essas consultas, ou não, o Governo Central pulveriza as instruções para fora do círculo, na administração direta e indireta.

O QUE É O NÍVEL 2?

É onde estão as Pessoas-Clientes, seja internas (funcionários) ou externas (população) de administração direta ou indireta: nas autarquias, nos hospitais, nas universidades, nas escolas, nos serviços comunitários, em contato constante e diário com a clientela.

E dentro de cada unidade, seja no Nível 1, seja no Nível 2, haverá sempre organizações com a estrutura do modelo Piramidal Vertical das empresas privadas (item anterior).

Enfim, Motivação deve se sobressair em qualquer modelo de Cultura Organizacional ou de regime político, nas crises, nas mudanças repentinas, na probabilidade de demissões em massa, nas injustiças dentro e fora do ambiente de trabalho dos jogos do poder, das vaidades, das ambições atropeladoras, e coisas ou pessoas em condições semelhantes. Tudo isso dentro das empresas públicas e privadas, seja para pessoal de produtos, seja para técnicos de vendas ou burocráticos.

3.3. Quais as Causas mais Importantes para Motivação no Dia-a-Dia das Empresas?

Especificamente, na Cultura Organizacional, há seis blocos-lista que estão presentes na ambiência da Empresa: as âncoras da dinâmica da motivação na empresa. São os macrofatores.

São nestas seis âncoras descritas abaixo que está a profundidade, ou a superficialidade do Clima Organizacional da Motivação na rotina do dia-a-dia de qualquer Empresa, em qualquer ramo ou país, que são:
- Dimensão Pessoal (Intrapessoal);
- Dimensão Interpessoal (com o outro);
- Dimensão dos Salários, Benefícios e Gratificações;
- Dimensão da Quantidade e da Qualidade das Tarefas por Funcionários;
- Dimensão do Aparato e Nível de Atualização de Máquinas, Móveis e Equipamentos (Ergonomia);
- Dimensão do Tipo de Negócio.

ÂNCORA Nº 1

Dimensão Pessoal (Intrapessoal)

É necessário que cada indivíduo descubra-se e reconheça suas potencialidades. Cada um tem a obrigação de saber do que gosta de fazer e em que é bom.
- Estabelecer metas pessoais para obter desempenho e resultados excepcionais, daqui a um mês, seis meses, um ano, três anos, dez anos etc.
- Definir quais conhecimentos e experiências deve ter para concretizar tais metas.
- Descobrir como e onde fazer para treinar as habilidades necessárias ao cumprimento das metas e em quanto tempo.

- Verificar os progressos pessoais, comparando-os consigo mesmo.
- Entender dos seus limites inferiores e carências para assim trabalhar a evolução de si próprio.
- Entender que nunca seremos 100% à perfeição em atitudes e *performance* ou parte de algum modelo sem falhas ou sem tendência à entropia (desarrumação dos sistemas fisiológicos); somos humanos, nascemos, crescemos, envelhecemos e morremos.
- Requalificar e selecionar a comunicação consigo próprio, gerando sempre pensamento de positividade, entusiasmo, abundância e amizade com o mundo em volta.

ÂNCORA Nº 2

Dimensão Interpessoal

É necessário entender que o jogo do poder, o conflito, a inveja, a politicagem e as conversas de corredores são tão naturais como a própria ansiedade, a fome, a sede e outros estados fisiológicos ou comportamentais. Porém, deve-se estar atento aos lados extremos das situações, nem 8 nem 80. Nesse grande jogo ao vivo das relações humanas, deve-se ter controle e conhecimento de todos os lados da moeda, para não julgar ou conduzir erroneamente, além de se levar em conta os itens a seguir descritos:

- Saber que as pessoas são diferentes por fatores genéticos, culturais, ambientais e pelo grau educacional; logo, não podemos exigir que uns reajam iguais aos outros.
- A Empresa deve fomentar um Líder nato com pessoas para que as pessoas dentro da Empresa possam tê-lo como ouvidor, consultor, espelho da motivação, do exemplo da excelência, promovendo a auto-estima, a alta *performance* do trabalho, a Cultura da Empresa e servindo a todos, sempre. A Empresa deve identificar esse funcionário nos cargos de Gerência média ou alta, não pode ser nem o mais alto, nem alguém nos níveis iniciais dos cargos de gerência. Pode ser uma gerência da área técnica, administrativa ou de vendas. O importante é que a Empresa desenvolva esse líder, enviando-o a cursos de aperfeiçoamento, MBAs, extensões, seminários e congressos, seja no Brasil, seja no exterior.

Aviso – Os donos, acionistas e o alto escalão devem reconhecer que talvez não sejam capazes de desempenhar bem esse tipo de liderança, portanto, devem, de forma racional, lógica e humilde, passar o "bastão" ao líder nato e incentivá-lo a atingir essas metas.

- Deve-se dedicar com total responsabilidade, atenção, energia e entusiasmo no momento da verdade da Avaliação de Desempenho. Os chefes, os líderes, devem estar isentos de intrigas pessoais, abordando o comportamento social, se necessário, mas ficando sua observação totalmente na *performance* profissional, dando o *feedback* positivo e o negativo para servir de informação ao crescimento de cada um dos avaliados, assim como do avaliador. Esse é o melhor momento para "lavar a roupa". E se não houver uma política formal de Avaliação, seria bom que os chefes, os líderes, os gerentes etc. acostumassem rapidamente a sentar e a conversar com todos os colaboradores de sua área para trocar idéias. Nada substitui um bom papo sincero, informal, olho no olho.

Grande parte das pessoas pode responder sem titubear à seguinte questão: O lugar em que você trabalha é bom? A Empresa é boa?

Quando respondem, estamos acostumados a ouvir que a Empresa em que fulano trabalha é um excelente lugar; a de sicrano é uma desgraça e a de beltrano é mais ou menos.

Todo esse sentimento é um grande *achismo,* é apenas um padrão intuitivo sobre o que é bom ou ruim. Enfim, por não existir uma análise mais profunda de parâmetros, poderá haver discordâncias sobre essas comparações, já que não existe um padrão fixado. E, o pior é realmente difícil explicar por que uns acham isso e outros, aquilo.

Sobre esse assunto, Robert Levering escreveu no seu livro *Great Place to Work (Um Excelente Lugar para se Trabalhar)* a seguinte comparação entre duas grandes e famosas empresas de aviação nos Estados Unidos, a Delta Airlines e Northwest Airlines:

> *Ambas são empresas de transporte aéreo, com quase o mesmo tamanho e idade, e têm quase o mesmo número de empregados. Ambas têm tido um bom desempenho financeiro há um largo período de tempo. E oferecem pacotes equivalentes de salários e benefícios. Mas a Northwest tem um longo passado de conflitos trabalhistas, e a Delta é amplamente reconhecida como um excelente lugar para se trabalhar. Por quê?*

A dificuldade que temos ao explicar por que um empregador é melhor que o outro pode ter origem na falta desta estrutura conceitual, que nos permita ver de que maneira as várias políticas e práticas relacionam-se entre si.

A pergunta então é: Como explicar o todo? Qual a substância que parece interligar, conectar as políticas de uma forma eficiente e que faça valer de verdade? Por que uma política interna funciona numa empresa e não em outras?

E Robert Levering, pesquisando dentro das 100 melhores empresas americanas, constatou o seguinte sentimento entre seus funcionários:

...Eles gostavam de falar bastante sobre suas idéias, sobre o que produz um excelente lugar para se trabalhar. Num ponto foram unânimes: se suas empresas são bons locais de trabalho, NÃO é por causa de qualquer tipo de política específica. Muito mais importante do que as políticas específicas é a Natureza dos Relacionamentos entre a empresa e os empregados.

Dentro dos excelentes locais para se trabalhar, Robert Levering detectou nas 100 melhores empresas americanas um grupo de opiniões, ideologias, políticas e Cultura Organizacional parecidas umas com as outras. A seguir, uma breve descrição acerca disso.

"AQUI, TODOS SÃO AMIGOS"

Pode parecer banal, mas amizade é uma das grandes características dos excelentes locais de trabalho. As pessoas gostam de ser importantes e confidentes com outros e para outras pessoas. Trabalhar em empresas e organizações públicas ou privadas é estar em equipes, grupos e times. É interagir o tempo todo com pares, superiores, clientes e subordinados. Logo, o que se pensa em locais de trabalho tem muito a ver com a qualidade dessas conexões interpessoais.

"AQUI NÃO TEM POLÍTICA"

Nos bons ambientes de trabalho, os colaboradores não parecem preocupados em ter o "tapete puxado" e dos tapinhas nas costas. A sabotagem está ligada ao favoritismo que alguns chefes, gerentes, diretores e colegas que de forma inconsciente adotam, ou da discriminação por causa do sexo, da idade, da preferência sexual, da nacionalidade, da cor, da religião, da origem social etc. As pessoas gostam de sentir que não há manobras para obter, tirar ou negociar uma posição na empresa.

"TRATAM VOCÊ DE MANEIRA JUSTA"

Grande parte das pessoas, possui um elevado senso de justiça. Vemos, sempre por aí, casos de preconceito, preferências, desigualdade e abuso, mesmo quando não reagimos contra. Logo, nada é dito de graça, quando sabemos que não é. Infelizmente, a maioria das gerências só disfarça fingidamente defender o tratamento justo, pois, na realidade, o que eles querem é privilégios.

"MAIS QUE UM EMPREGO"

O trabalho é algo tão fundamental e central na vida das pessoas, dando-lhes significação para viver, que passamos até a adquirir uma espécie de identidade: "Alô, aqui é o Sílvio, da Motivados S/A", ou as pessoas dizem: "eu sou piloto", "eu sou empregada doméstica", "eu sou médico". A identidade profissional define até nosso padrão de vida, nosso status social, nossas amizades etc. Como cantou Gonzaguinha em uma de suas músicas *"e sem o seu trabalho o homem não tem honra e sem a sua honra, se morre, se mata não dá pra ser feliz".*

Isso ocorre quando essas pessoas pensam que a vida é só dormir, comer e trabalhar. Essas pessoas existem, do maior ao mais baixo escalão.

Falta na maioria das pessoas o "acender-de-novo" da chama da vontade e do querer. Todo mundo é inteligente, mas inteligência sozinha não leva ninguém a lugar nenhum. *A inteligência só é um farol que ilumina o caminho, mas não me faz caminhar,* como diz Luiz Marins Filho, nos seus cursos e seminários.

Isso ocorre quando as pessoas não percebem o poder de fazer a diferença agora. Sim, agora mesmo! Pois Deus nos deu orgulho suficiente e autonomia, ou livre arbítrio, para decidir a todo instante, em um "jogo" para valer, e não num ensaio, como muitos pensam.Todos temos essa força maior. É só pô-la em ação, já!

"É como uma grande família."

Robert Levering ainda diz no seu livro *Great Place to Work* : "...Na Delta Airlines, as pessoas não dizem que são meros empregados da Delta. Elas preferem dizer que fazem parte da família Delta".

Você ouve a mesma expressão nas empresas Federal Express, Hallmark Cards, IBM, Quad/Graphics, Gore, Publix Super Markets e Northwestern Mutual Life. De fato, os empregados descrevem com freqüência o sentimento de família que sentem e que pode ser generalizado nas frases abaixo:

- um ambiente protetor e acolhedor;
- um compromisso de longo prazo;
- estamos juntos nisso.

E, para resumir sua pesquisa, Levering ainda diz:

> ...Do ponto de vista de um empregado, um excelente local para trabalhar é aquele em que você confia na pessoa para quem trabalha, tem orgulho pelo que faz e gosta das pessoas com quem está trabalhando.

ÂNCORA Nº 3

Dimensão dos Salários, Benefícios e Gratificações

Todos esperam que Salários e Benefícios sejam justos, crescentes, amplos na prática, acompanhados por um bom plano de cargos e carreira crescente e temporal. Todos identificam o salário, os benefícios e as gratificações como sendo peças-chave na auto-estima e para a valorização do *status* social, dentro da abordagem de Maslow. Veja no Quadro 4 nas páginas 79 e 80 mais informações sobre espécies de remuneração como fator motivador.

ÂNCORA Nº 4

Dimensão da Quantidade e da Qualidade das Tarefas por Funcionário

Primeiro, deve-se considerar quem exercerá a função. Definir uma função, em primeiro lugar, implica definir, avaliar, identificar quais são as características que alguém deve ter para assumir o cargo.

Colocar a pessoa certa no lugar certo é uma premissa básica para um sistema de remuneração e seleção. O setor de Recursos Humanos da Empresa deve primar por essa conduta.

Defina:
- as habilidades necessárias;
- os objetivos do cargo;
- a responsabilidade e autonomia;
- a abrangência das tarefas;
- as perspectivas de crescimento.

Seja qual for a função, ela deve ser interessante, compatível com o intelecto no limite máximo de cognição, cultura e educação formal, além de proporcionar "satisfação" para quem a executará. Em outras palavras, deve ser motivacional. Considere os fatores acima, a fim de tornar a função mais atraente no longo prazo.

Colocar as pessoas certas no lugar certo implica ter perspicácia das lideranças envolvidas na contratação. Muitas consultorias pelo mundo afora têm mecanismos e técnicas para essas análises.

Não se deve deixar de lado que:
- valorizar as tarefas é a causa da redução de custos e do aumento de motivação;
- o treinamento e a reciclagem são os meios e as maneiras de enriquecer o trabalho;
- rodízio de funções é importante para a compreensão holística de toda a empresa;
- a equipe prefere um trabalho difícil e cheio de responsabilidade a um repetitivo e cheio de tédio;
- os empregados valorizam cargos, valorizam que os chamemos de especialistas, ou técnicos, e valorizam ser notados pelo *status* que conseguem com essas funções. Deve-se repensar as siglas arcaicas e desmotivadoras, como, Auxiliar, Escriturário, Subs, Chefe, Servente, Encarregado. Podemos substituir por: Técnico 1, Técnico 2; Especialista X, Especialista Y; Gerente Júnior, Sênior, Master, Técnico de Estoques (para almoxarifado e expedição); Especialista de apoio (para limpeza) etc.;

- solicitar, sempre que possível, que esta ou aquela pessoa desenvolva uma tarefa nova, inusitada e extra, como forma de transmitir sua confiança na competência dela;
- saiba que ninguém gosta de ficar todos os dias, após o expediente, recebendo ou não hora extra porque tem muito trabalho.

ÂNCORA Nº 5

Dimensão do Aparato e do Nível de Atualização de Máquinas, Móveis e Equipamentos (Ergonomia)

Assim como os símbolos de modernidade, os objetos e sua eficácia enquanto móveis e equipamentos atualizados e versáteis, realmente, auxiliam no conforto, na preservação da saúde, no aumento do prazer e na descontração do ambiente de trabalho. A Consolidação das Leis do Trabalho (CLT) possui um manual específico sobre Segurança e Medicina do Trabalho (volume 16, 42ª edição), o qual descreve a Lei nº 6.514 de 22 de dezembro de 1977 e contém todas as Normas Regulamentadoras no que tange a Conforto térmico; Segurança predial; Ergonomia e eficácia dos móveis e equipamentos; Vestimentas de segurança (luvas, capacetes etc.), que evitam a LER (Lesão por Esforço Repetitivo), que atinge milhões de digitadores e operadores de computadores; Segurança da rede elétrica, dos sistemas contra incêndio etc. Todos os Programas de Prevenção de Riscos Ambientais (PPRA's) constantes na Legislação Trabalhista geram mais autoconfiança e mais auto-estima.

Devemos também considerar que um funcionário se motiva com versões mais potentes, versáteis e criativas de *softwares, hardwares,* pois ajudam de forma decisiva na qualidade das tarefas internas e no atendimento ao cliente externo, assim como serve de diferencial para o *endomarketing* e para o setor de vendas. Móveis, máquinas e equipamentos são requisitos básicos para os Certificados de Padrões Internacionais de Qualidade oferecidos mundo afora.

ÂNCORA Nº 6

Dimensão do Tipo de Negócio da Empresa

Cada vez mais, vamos ver as pessoas dizendo que trabalham em uma empresa na qual a Missão é voltada para a elevação dos padrões de vida da sociedade, protegendo e preservando o meio ambiente, participando das questões críticas sociais do país e do mundo, ajudando comunidades carentes de forma incondicional. Tudo isso, agregando uma imagem de valor, de responsabilidade social, de confiabilidade, de honestidade e de orgulho. É importante elevar a auto-estima e o prazer de trabalhar nas Empresas que extrapolam o objetivo do contrato social, que é o de gerar lucros.

3.4. O que as Empresas Fariam de Imediato e em Médio Prazo para Elevar a Motivação?

Se há possibilidade de se falar sobre Motivação para todas as áreas da empresa, seja técnica, seja administrativa, seja de vendas, precisamos, a partir de agora, fornecer algumas direções de como todas as áreas poderiam tratar um programa de Motivação. Esse programa pode ser implantado em uma empresa onde não exista a mínima noção do aspecto motivacional dentro do trabalho, ou em uma empresa em que há muito discurso, poucos benefícios e o desejo de implementar, na sua Cultura, estratégias, táticas e operações que levem o indivíduo a uma alta *performance*.

Por outro lado, os funcionários talvez queiram mais salário, bônus, premiações, reconhecimento, chance de crescer, mas tudo isso com o orçamento familiar bem gerido, sem atraso nas escolas dos filhos, sem dever juros ao banco, sem aqueles parentes que você não pode e nem quer ajudar, mas deve, além de problemas de saúde que possam ocorrer com os próprios funcionários ou com sua família.

Muitas são as expectativas de um lado e de outro na dimensão da empresa (acionistas, alto escalão) e dos funcionários que lá estão. Muitos são também os tipos de necessidades decorrentes do tamanho, do ramo do negócio e da situação pela qual a empresa atravessa. Portanto, não queremos aqui esmiuçar micrometricamente todas as empresas, mas sim oferecer modelos genéricos, dentro de uma macrovisão, vividos nos últimos 20 anos da minha vida profissional como gerente de banco, como gerente financeiro e administrativo de uma seguradora e como consultor. Vejo, cada vez mais, um ser humano ávido e compelido a desafios causados pelas mudanças pelas quais o mundo atravessa. Porém, esse mesmo indivíduo está cada vez com mais dificuldade de foco e de criar uma visão e uma missão próprias, devido não só à aglomeração de informações que a todo momento chegam, como também pelas táticas e formas de atuação, pensamento e comportamento que são postas em "nossas mesas" diariamente.

Logo, ao falarmos de um modelo genérico ou de um Macromodelo Motivacional, temos de supor o controle mínimo e a estabilidade de algumas variáveis aleatórias, como:
- orçamento familiar (nível de renda x obrigações e contas a pagar);
- saúde na família;
- obrigações sociais;
- desejos pessoais os mais diversos, sobre os quais a empresa não tem controle. Esse quadro é de difícil controle na nossa amostra macro, e não nos cabe polemizar, pois as empresas que existiram até hoje tiveram, têm e terão contingentes de pessoas até certo ponto desestruturadas na vida pessoal, por serem inconscientemente incompetentes (pura ignorância) ou por dolo, conscientemente incompetentes nos assuntos que tratam das Variáveis Aleatórias Pessoais anteriormente definidas. Não nos cabe, repito, entrar no âmago dessa questão agora.

Cientes disso, vamos em frente para oferecer a qualquer tipo de empresa modelos abrangentes de Comportamento Organizacional de Motivação, conforme as derivações abaixo:
- empresas sem noção alguma de abordagem motivacional, chamaremos de Sigma 1;
- empresas com alguma noção, chamaremos de Sigma 2.

Chamaremos de Sigmas 1 e 2, respectivamente, para facilitar a didática. É mero referencial. Ambas, porém, dentro da abordagem no que tange às áreas de vendas, administrativa e técnica.

A seguir, **dicas quentes** para empresas Sigma 1 e 2.

DICAS VITAIS PARA IMPLEMENTAÇÃO DA MOTIVAÇÃO

1. Para as Empresas Sigma 1

A. O que fazer em curto prazo?

R.: *Investir em salário e benefícios.*

- Através da pesquisa de Maslow (Capítulo 1, Quadro 2, pág. 24), podemos identificar os perfis de motivação, os itens mais carentes, produzindo ações rápidas que reduzam ou cessem tais carências.

- Analisar imediatamente a massa de salários por função, comparando intersetorialmente pelo nível de responsabilidade e importância pela quantidade de tarefas executadas dentro da empresa e até comparando com outras empresas do mesmo ramo e tamanho no mercado.

- Analisar os tipos de benefícios sociais existentes na legislação vigente e estudar uma forma de oferecê-los, em parte ou total.

- Analisar a possibilidade de premiar periodicamente os funcionários de destaque, seja na área de vendas, seja na administração, seja na técnica.

- Avaliar a jornada de trabalho de cada cargo e função, como também a quantidade de tarefas de cada pessoa, a fim de eliminar excessos de tarefas e incompatibilidades de talentos. Assim, evitam-se insatisfações ou falta de produtividade pessoal.

B. O que fazer em médio e longo prazos?

R.: *Investir na dimensão afetiva.*

- Despertar na empresa, através de treinamentos comportamentais, o desejo para a mudança de Cultura nas relações do dia-a-dia dos colegas x colegas, chefes x subordinados, chefes x chefes, onde, enfim, todos possam ser alguém reconhecido e tratado no mesmo nível. Devem também vivenciar um ambiente sem tantas formalidades e barreiras físicas do *layout* da empresa (é preciso rever *layout,* disposição e tipo de móveis), assim como as barreiras físicas do contato pessoal, dificultadas pelas hierarquias, vaidade e falta de noção sobre a abordagem da dimensão afetiva e pelos conflitos corriqueiros normais e naturais de um grupo heterogêneo de pessoas. Chefes, gerentes devem circular no dia-a-dia amistosamente na empresa, estreitando laços com os setores, participando de toda e qualquer festinha, coquetéis ou comemorações do seu setor, de outros setores, no alto ou no baixo escalão.

- Deve-se trabalhar o desenvolvimento pessoal e profissional através de treinamentos, *workshops*, e campanhas para deixar amplamente divulgados a Missão, a Visão, os Objetivos e as Crenças em todos os cantos da empresa, mobilizando todas as áreas, vendas, administrativa e técnica, em um grande mutirão que não teria mais fim.

2. Para as Empresas Sigma 2

A. O que fazer em curto prazo?

- Trabalhar todos os funcionários, do mais alto ao mais baixo escalão, em treinamentos e cursos, a necessidade de evolução comportamental para as mudanças – espírito de grupo, equipe e time; a evolução da relação interpessoal, intersetorial etc.

- Reconhecer o mérito e aludir publicamente na empresa às ações eficazes meritocráticas desenvolvidas pelos funcionários, em um boletim interno (vide Quadro 4, nas páginas 79 e 80 – Recompensas Não-Monetárias).

- Criar canais de comunicação oficial dos funcionários para com a Empresa, com o nome "Fale com o Diretor", "Fale com o Gerente", "Fale com o Vice-Presidente" ou "Fale com seu Chefe". Esses canais servirão como um meio anônimo ou não para as pessoas se manifestarem, darem opinião, perguntarem, esclarecerem e até cobrarem ações e atitudes na busca da solução de problemas internos.

- Ampliar alguns benefícios como, por exemplo, pagar parte dos cursos de nível superior ou de extensão dos funcionários mais destacados; participar com um percentual no plano de previdência do funcionário; participar com um percentual no seguro de vida, ou de automóvel, ou de saúde, de todos ou de alguns funcionários. Incentivar ensino supletivo ou mesmo telecursos (vide Quadro 4, nas páginas 79 e 80 – Recompensas Não-Monetárias).

B. O que fazer em longo prazo?

R.: *Tirar os líderes dos gabinetes e de suas salas, e fazê-los comprometer-se com os eventos periódicos promovidos por uma comissão de funcionários, dentre os descritos a seguir.*

- Os aniversariantes do bimestre ou do trimestre; coquetéis rápidos para cerimônias de reconhecimento de mérito a funcionários; celebração dos resultados e desempenho da empresa; lançamentos de novos produtos ou serviços com a participação de todos os funcionários.

- Comemorar as datas especiais: Dia das Mães, Dia dos Pais, da Empresa, Natal, Carnaval, São João, Dia das Crianças trazendo ou aproximando mais a família dos funcionários ou a própria comunidade do local da empresa.
- Criação de um boletim interno, divulgando os acontecimentos da Empresa nas áreas de vendas, administrativa ou técnica, reconhecendo o mérito dos funcionários de destaque. Esse boletim pode ser bimensal, trimestral, mas terá de ter um líder como gestor de suas edições, vindo de dentro de qualquer área da empresa, de preferência de marketing ou administrativa. Deve-se sempre ter a idéia de promover uma ideologia única na empresa, uma mesma linguagem, um padrão único de símbolos. Assim, torna-se mais forte e viva a missão na empresa.
- Ver possibilidade de ascensões, promoções e lançar mão de um programa novo de cargos e salários.
- Rever *layout*, ergonomia, modernidade dos móveis, das máquinas e dos utensílios; rever a qualidade e a atualização dos programas instalados nos computadores, assim como os próprios computadores; rever processos e qualidade das tarefas, consultando clientes, comparando-se com a concorrência e implantando certificados de qualidade.
- Cuidar da imagem social da Empresa, conforme o disposto na âncora Dimensão do Tipo de Negócio (página 71), ajudando comunidades etc.

3.5. Recompensas Monetárias e Não-Monetárias para Motivação

1º – RECOMPENSAS DE ORDEM NÃO-MONETÁRIA

Comemore o sucesso!

A conquista é um grande *feedback* positivo em si mesmo, porém, as pessoas querem algo mais: o reconhecimento. Um honesto e caloroso "muito obrigado" por escrito e em público é, às vezes, suficiente. Ser chamado para participar de reuniões, comissões fora do ambiente de trabalho é muito entusiasmante, pois dá a sensação de valor e importância ao colaborador convidado. Outras recompensas como horário flexível, dia de folga, vaga em um estacionamento pago, viagens, custam menos do que prêmios em dinheiro. Nada dá mais motivação do que a personalização do reconhecimento por conquistas notáveis: são eficientes se ocorrerem com freqüência. Comemore o Sucesso visando à Motivação do indivíduo merecedor, como também para dar exemplo a toda equipe e ao time.

Se for o reconhecimento de toda uma equipe, comemore o sucesso com alto impacto, com uma boa festa, um bom churrasco, quem sabe. Mas comemore o sucesso em todas as áreas (técnica, administrativa e de vendas). Para isso, crie padrões de avaliação e confronte-os periodicamente para estabelecer o reconhecimento do sucesso. Comemore o sucesso também de todo o time, da Empresa, no fechamento de um grande contrato, no alcance de um grande resultado contábil, financeiro ou de vendas (vide Quadro 4, página 79, Recompensas Não-Monetárias).

2º – RECOMPENSAS DE ORDEM MONETÁRIA

Premiar Financeiramente, sempre que puder!!!

Utilizar o dinheiro como fator de recompensa por conquistas e bom desempenho pode ajudar no *status* social e financeiro do funcionário, no aumento do seu orgulho e na fidelidade dele para com a Empresa, além do aumento da auto-estima e do ganho de mais responsabilidades.

Não obstante, é necessário saber que esse tipo de recompensa pode também provocar ressentimentos entre outras pessoas, comprometendo o espírito de time (Quadro 5, na página 80, Recompensas Monetárias).

Quadro 4.
Recompensas Não-Monetárias

Recompensa Tipo	Como se Caracteriza	Fatores Relevantes e Eficácia ao Longo do Tempo
Reconhecimento do mérito pessoal.	*Feedback* positivo, elogio, fanfarra sadia, de forma pessoal, por escrito ou em público, com entrega de certificados ou divulgação em boletins internos.	É muito eficaz em curto e em longo prazo.
Presentes e privilégios.	Brindes de Natal, do marketing, por tempo de serviço, viagens, estacionamento, horário de trabalho flexível.	É estímulo forte em curto prazo, porém em longo prazo pode perder a força.
Eventos especiais envolvendo todos os níveis.	Fins de semana em outros lugares, comemorações, viagens de todos os setores e áreas, Dia dos Pais, Dia das Mães, Dia das Crianças.	Motivam, estimulam e descontraem as equipes permanentemente, dando forte impacto na Cultura Organizacional em longo prazo.
Treinamentos técnicos (específico de cada área) e de autodesenvolvimento.	Cada área técnica, administrativa ou de vendas sempre deve estar recebendo novos produtos e reciclando velhos produtos, formas ou políticas e procedimentos, assim como os treinamentos de transformação pessoal, auto-estima, relações interpessoais, de comunicação, espírito de time, etc.	Forte poder de auto-estima, autoconfiança e valorização em curto prazo, bem como, melhoria dos Recursos Humanos em longo prazo, tanto no campo das relações intrapessoais, como interpessoais.

Continua na próxima página

Continuação da página anterior

Recompensa Tipo	Como se Caracteriza	Fatores Relevantes e Eficácia ao Longo do Tempo
Equipamentos.	Carro da empresa, computadores pessoais portáteis, telefones celulares ou convencionais de uso constante, até em casa.	Motivam sempre, além de conferirem muito *status* social, se estiverem dentro dos objetivos da empresa.

Quadro 5
Recompensas Monetárias

Aumento de salário geral para todos.	Elevação da remuneração básica.	O impacto tende a ser esquecido em longo prazo, porém é forte em curto prazo.
Aumento de salário por desempenho.	Acréscimos regulares de salários, tendo por base alto desempenho e *performance*, porém, devem ser dados de imediato para não se desvalorizarem no tempo.	Eleva o prazer e a motivação em curto e em longo prazo.
Bônus e comissões.	Recompensas financeiras relacionadas com metas, objetivos, prazos etc.	Efeito positivo constante, em curto e em longo prazo. Porém pode haver dificuldades de definir as faixas salariais e relacioná-las com as recompensas.
Ações da empresa.	Ações da Empresa como presente ou a chance de obtê-las por um bom preço.	Estimula a lealdade em longo prazo e fortalece a imagem da Empresa, e o comprometimento do funcionário com a Empresa.
Benefícios sociais, diferenciados/extras.	Pagamento ou auxílio de pagamentos a seguros, previdências, planos de saúde, auxílio-babá, auxílio-creche.	É muito bom em curto, médio e longo prazos a Empresa ter colaboradores saudáveis, porém, o impacto na comunidade da Empresa é pequeno nos dias de hoje, pois quase todos oferecem algo. Excelente impacto para aqueles que não oferecem nada e são Sigma 1.

3.6. Como se Pode Iniciar um Projeto Básico de Motivação?

Para a elaboração de um projeto de motivação para qualquer tamanho ou tipo de organização local sem filiais, regional com representações inter-regionais, matriz centralizadora e com filiais, com matriz não-centralizadora e com filiais, franquias, dentre outros modelos, deve-se saber aonde se quer chegar com o projeto motivacional, fazendo a análise e as perguntas abaixo relacionadas.

- ✓ Conhecemos o nível motivacional de cada funcionário, dos grupos e do time? Qual nosso tipo de Cultura Organizacional? O ambiente da empresa é de normalidade motivacional ou há algum fator de descompensação interferindo nela?
- ✓ Há líderes para transitar e colher dados em todas as áreas, setores, filiais, a fim de definir melhor o clima organizacional?
- ✓ Nosso projeto vai ter um cunho superficial no nível de estímulo, reforço e recompensa, que é estanque em longo prazo e que não trata as causas reais da motivação humana?
- ✓ Ou o projeto vai ter um cunho mais profundo, identificando as carências internas através de pesquisas e amplo debate individual e grupal, aliados a um novo rumo ou revigoramento da Cultura da Empresa, provocando resultados permanentes e de longo prazo?
- ✓ Ou vamos utilizar as duas metodologias simultaneamente, olhando Valores e Crenças da empresa e das pessoas em conjunto com a utilização de estímulos externos da escola *Behaviorista*?

A partir daí, ocorrerá um posicionamento claro dos objetivos a serem alcançados com o projeto de Motivação Organizacional. Mas, antes, é preciso conhecer o efeito e as características de projetos baseados tanto na Teoria Behaviorista quanto na Teoria Humanista, como descritos a seguir.

3.6.1. CARACTERÍSTICAS DE UM PROJETO MOTIVACIONAL BASEADO NO MODELO BEHAVIORISTA

- Tendência a ser centralizado apenas nos níveis gerencial e de diretoria, ou só em níveis menores. Falta de comprometimento de tarefas além do meu setor. Metas sazonais, periódicas e não-contínuas, como se fossem campanhas de vendas, dando uma sensação de projeto descartável e efêmero.

- Sem compreensão efetiva, como conseqüência da não adesão de todos.

- Tendência a uniformizar premiação, não levando em conta que para cada pessoa há uma carência, dependendo de onde ela se encontra na **Pirâmide de Maslow** (um funcionário auxiliar de escritório talvez precise comprar uma nova televisão e um gerente talvez precise fazer um curso de pós-graduação de 30 dias no exterior).

- Alto poder de energização instantânea de todo o corpo funcional, gerando grande expectativa.

- Diversificação de tarefas, desafios e metas a realizar nas diversas áreas da organização, dando sensação positiva de existir sempre a renovação do desafio.

- Checagem rápida das performances, com *feedback* de como o indivíduo, o grupo e o time estão perante as metas.

- Sensação de valorização, reconhecimento e homenagem de forma prática e objetiva.

- Deve-se recomendar cuidado para seu uso, pois pode ser interpretado como sedação das ansiedades em curto prazo, causada por algum fator de desmotivação; além disso, pode tornar-se repetitivo em longo prazo.

- Pode e deve estar atrelado a projeto motivacional baseado em mudança da Cultura, dos novos valores, da visão e da missão em conjunto com a motivação interna pessoal.

3.6.2. CARACTERÍSTICAS DE PROJETO MOTIVACIONAL BASEADO EM CULTURA, VALORES E PERFIL PESSOAL

- Maior compreensão e, em conseqüência, maior adesão dos funcionários.
- Cria-se uma identidade organizacional, onde todo mundo sabe o seu papel, o porquê e para quem está trabalhando.
- Conhece os números e os padrões de *performance,* que são comparados com outros da mesma função e cargo.
- O funcionário atua motivado afetiva e psicologicamente, pois introjetou as Crenças e os Valores da empresa, e esta, por sua vez, conhece melhor a si própria.
- As expectativas de uns tornam possibilidades para todos: se hoje não atingimos a meta é porque temos que melhorar e continuar.
- Há uma propagação com clientes, fornecedores e concorrentes da Cultura, da Visão e da Missão, por terem-se tornado tão fortemente arraigadas às pessoas da empresa.
- Envolve acionistas, altos e baixos escalões em um *grande mutirão* rumo à nova Cultura.
- Fica claro o que a Organização quer dos seus funcionários e o que os funcionários podem solicitar dela.

3.6.3. AVALIAÇÃO DA *PERFORMANCE* DAS EMPRESAS APÓS A IMPLANTAÇÃO DE PROJETOS MOTIVACIONAIS

Precisamos saber se o projeto está surtindo efeito. É importante existir uma avaliação no nível de produtividade e desempenho de setores, como um reflexo da evolução do ambiente organizacional motivado, gerando qualidade para a empresa.

Em todo Projeto Motivacional, três tipos de ações devem servir como medida de avaliação do projeto, além da percepção *in loco* do clima organizacional pelos líderes. Essas ações são descritas a seguir.

Ação nº 1

Definir medidas para avaliar metas para ações de cunho individual.
Modo de Checagem: avaliação de desempenho formal e no dia-a-dia através de enquete e bate-papos informais.

Ação nº 2

Definir medidas para avaliar metas para ações de cunho setorial. Todas as áreas da empresa estão cheias de números e metas a alcançar diariamente, basta compará-los e criticá-los com algum referencial padrão.

Modo de Checagem: comparação com dados históricos em períodos anteriores, com os mesmos setores, de outras filiais e sobre a própria margem de acertos, valorizando o conceito de equipe/grupo mais coeso.

Ação nº 3

Definir medidas para avaliar metas de cunho organizacional — qual a estratégia, a definição da Cultura e a política de reconhecimento e premiação.

Modo de Checagem: medir a satisfação da clientela, o aumento do número de negócios e a lucratividade.

Nas empresas, deve haver metas de desempenho pessoal, numéricas, de relacionamento interpessoal, espírito de equipe intra e intersetorial para todas as áreas: Vendas (marketing e área de comercialização), Área Administrativa (burocracia, patrimônio) e Área Técnica (onde se elabora o produto ou serviço).

3.6.4. ESBOÇO DE UM PROGRAMA MOTIVACIONAL NA ORGANIZAÇÃO PARA EMPRESAS SIGMA1 E 2

A seguir, o modelo ideal de Programa Motivacional para qualquer tipo ou tamanho de empresa.

1º Passo

Definição dos Valores, da Missão, da Visão e do nível motivacional dos funcionários.

- Preparação e engajamento de todos os níveis da Empresa, nas unidades e nas centrais de comando, com reuniões fora do expediente. Essas reuniões devem ser encabeçadas pelos mais altos escalões junto aos demais colaboradores, com o objetivo de definir a Visão, a Missão, os Valores e as Crenças (ver fase 1 do Processo MBV, na página 55).

- Pesquisa para levantamento do nível motivacional dos funcionários. Deve durar, no máximo, dois meses nessa fase de elaboração.
- Só se deve ter essa atividade nessa fase.
- Cada Unidade deve ser instruída de como preparar cada tópico e, em seguida, deve enviar a um órgão centralizador para unificação das ideologias.

2º Passo

Comunicando todo o Projeto e Definindo Líderes.

- Anúncio incondicional pelos quatro cantos da Empresa da Visão, da Missão, dos Valores e das Crenças definidos no 1º passo, comunicando abertamente através de cartazes, *newsletter*, *pins*, *bottons*, murais, boletim interno (jornalzinho) de cada unidade, memorandos.
- Nessa fase, é necessário que cada unidade identifique um Líder para a condução do processo daqui para frente e para fortalecer o projeto.
- Esses Líderes devem formar um Comitê Regional e/ou Nacional, reunindo-se periodicamente para reavaliações, troca de experiências e apresentação de idéias novas.
- Nesse Comitê, deverá(ão) ser identificada(s) pessoa(s) com experiência e vivência em assuntos relacionados com a motivação organizacional para a condução e para a realização dos *workshops* e Seminários para todos os Funcionários de todas as Unidades e Escritórios Centrais, ou bastante interessados no assunto.
- Essa(s) pessoa(s) escolhida(s) pelo critério técnico e em consenso pelo Grupo será(ão) considerada(s) uma espécie de consultor interno, que poderá utilizar o apoio, quando extremamente necessário, de Consultoria Externa.
- Esse(s) Consultor(es) Interno(s) deverá(ão) ter dedicação exclusiva em, pelo menos, 20 horas semanais para esse projeto.
- Esse(s) Consultor(es) Interno(s) deverá(ão) integrar-se informalmente ao Setor de Marketing (quando houver dentro da Empresa) para elaboração de materiais de divulgação e promoção, informativos e *workshops* que virão nas etapas seguintes, além da elaboração dos orçamentos.

- Esse(s) Consultor(es) Interno (s) preparará(ão) material didático e conteúdo metodológico para os *workshops* e seminários dentro da Empresa.

- Quando não houver Setor de Marketing, o(s) Consultor(es) deverá(ão) estar em contato constante com a área disponível, por verbas orçamentárias, para elaboração e aprovação dos custos de cada evento.

- Nesse momento, nenhum desafio interno deve ser lançado ao funcionário, a não ser a divulgação de um calendário de *workshops* motivacionais de desenvolvimento e crescimento pessoal, com cunho psicológico e emocional.

- Essa fase não deve durar mais que 30 dias.

- Essa fase baseia-se em parte na segunda fase do processo MBV, de Ken Blanchard (página 55).

3º Passo

Lançando *workshops* e iniciando desafios.

Após comunicado o calendário a todas as unidades, o(s) Consultor(es) Interno(s) inicia(am) a etapa de sensibilização e dos cursos de crescimento pessoal, deve(em) utilizando as mais modernas e recentes tecnologias em dinâmicas de grupo e vivências pessoais nos referidos *workshops* com a estrutura descrita a seguir.

a. Dois Módulos de Desenvolvimento Pessoal Individual.

- Metas e objetivos pessoais.
- Mudanças de paradigmas na vida pessoal.
- Novas posturas pessoais.
- Visão global, ação local.
- Visão de futuro pessoal.
- Posicionamento biopsicossocial.
- Criatividade.
- Comunicação verbal e não-verbal.
- Inovação.

b. Um Módulo para Desenvolvimento de Equipes, Grupos e Times.

- Conceito de equipe, grupos e times e relacionamento interpessoal.
- Fenômenos decorrentes dos grupos (conflitos, poder, manipulação, consenso etc.).
- Lançamento e formação por unidade da Comissão Gestora da Malha – CGM, formada por dois Funcionários sem cargo de chefia, de cada Gerência/Superintendência/Diretoria, com os seguintes objetivos: discutir soluções de problemas de qualquer área, implementar de imediato as soluções, manter todas as áreas das suas respectivas unidades através de um boletim periódico, edificar todos os colaboradores que se destacam.

Os dois módulos iniciais devem ser cumpridos em três meses. Só a partir desses dois módulos de cunho individual, deverão ser iniciadas campanhas paralelas de estímulos e recompensas para melhoria de *performance*, produtividade e relacionamento interpessoal, elegendo periodicamente, em nível de unidade, regional e nacional, os funcionários (de qualquer escalão) mais motivados, os que mais contribuem com a ideologia das crenças, dos valores e do espírito de time. Nesse passo, o Setor de Marketing ou outro setor deve promover todos os eventos e encontros. Em cada unidade, o líder escolhido deverá, semanalmente, divulgar via consultor(es) interno(s):

- "A Mensagem da Semana", que nada mais é do que uma divulgação semanal com conceitos positivos e motivacionais. Deverá ser aplicada nas entradas principais de cada Unidade, setores, departamentos etc.
- A cada semana, a apresentação do *Happy-Hour* "da motivação", uma sessão de vídeo com filmes tratando de temas como Qualidade, Globalização, Competitividade, Relações Interpessoais, Conflitos, Motivação etc. A sessão deverá ser de, no máximo, 20 minutos, com até 15 minutos para debates. O horário: às l2h50min, após o almoço. Caso existam turmas com horário de almoço distinto, deverá se viabilizar mais de um horário. A estrutura necessária a cada unidade deverá ser: Sala de Treinamento, TV ou Telão, Vídeo, DVD ou Videoprojetor e um facilitador que pode ser o Líder da unidade no Projeto Motivacional.

- A cada dois meses, emitir boletins, *newsletters* com notícias, entrevistas com o perfil do funcionário do mês, promoções de pessoal, contratações, informes da *CGM* e das diversas gerências ou setores. Cada unidade deve fazer seus boletins com frente e verso.

- Essa fase totaliza aproximadamente seis meses para a consecução de todos os módulos de *workshop* e as suas implantações. Essa etapa é baseada na Fase 3 do Processo MBV (página 55).

4º Passo

Ponto de Checagem e Reavaliação.

- Encontro do alto escalão com os líderes para avaliação dos processos, das metas e do desempenho geral.

- Definição da continuidade e das inovações na estrutura de treinamentos de desenvolvimento pessoal e técnico com base nos Valores e nas Crenças e das campanhas periódicas dos estímulos e reforços.

- Essa etapa baseia-se também na Fase 3 do Processo MBV (página 55).

Veja no Quadro 6, na página a seguir um painel sintético do novo estilo de Modelo Motivacional para as empresas que querem pessoal motivado e compromissado, bons resultados e competitividade sempre.

Quadro 6

Regras do Novo Estilo do Modelo Motivacional Para Empresas Atuais

Definição das Metas e Projetos	Novo Cenário	Conseqüências da Nova Cultura Organizacional
Foco do Indivíduo • Qual meu projeto pessoal de vida? • Onde quero e como posso chegar? • Quando e com quem quero chegar? • Trabalhando para quem? **Foco da Empresa** • Qual minha posição de mercado, Econômica e Financeira? • Qual o nível dos meus produtos e recursos tecnológicos? • Qual o nível das necessidades dos meus recursos humanos? • Em que nível está a motivação do corpo funcional? • Quais são os valores, as crenças, a visão e a missão da organização? • Onde, como posso e com quem (quais são meus funcionários).	**Postura do Indivíduo** Estados potenciais de ação, atitudes e comportamento decorrentes da motivação psicológica. **Postura da Empresa** Estados potenciais de comportamentos, clima e cultura organizacional, decorrentes das definições do foco e do cenário socioeconômico da empresa.	**Cultura Organizacional Partilhada por Todos** • Competitividade. • Flexibilidade e resiliência. • Maior compromisso dos funcionários. • Sinergia interna. • Ações mais rápidas. • Sensação de responsabilidade pelo resultado da empresa. • Mais prazer no trabalho. • *Performance* e resultados. • Motivação permanente. • Vitalidade das crenças e dos valores.
Fase – I do Processo MBV – Ken Blanchard.	Fases 2 e 3 do Processo MBV – Ken Blanchard.	Resultados na prática.

3.7. Motivação Através do Poder do Elogio e da Meritocracia

Quando Jesus Cristo "elegeu" os 12 apóstolos, ele estava reconhecendo naqueles rapazes um mérito, uma condição especial (potencial), para desempenhar e executar "o maior projeto espiritual da humanidade".

Foi um elogio tácito, há dois mil e oito anos atrás. Quando Sun Tzu planejava suas estratégias, táticas e operações, ele nunca as elaborava só. Ele reunia seus generais e outros colaboradores para poder ouvi-los e aí lançar mão da melhor ação. Era também um elogio tácito. Já Winston Churchill e Napoleão Bonaparte utilizavam os elogios explícitos para motivar suas tropas, reconhecer o mérito para a próxima batalha. Watson e Skinner, os "papas" da psicologia do comportamento (*behaviorista*), provaram, mostraram e disseram em alto e bom som que, para conseguir uma modificação do comportamento de homens e animais, é preciso dar recompensas, induzir ao comportamento final desejado, e o elogio é uma forma de conseguir esse intento. Os cientistas e psicólogos chamam o elogio de *feedback* **positivo**.

O elogio é vital para um bom clima organizacional e um bom clima familiar. Elogiar desencadeia uma série de substâncias do prazer, da alegria e da satisfação na corrente sangüínea de quem o recebe, melhorando a auto-estima.

Elogie, elogie e elogie a cada novo comportamento. A pessoa que recebe elogios procura sempre fazer o melhor para estar sempre sendo elogiada.

Mas, infelizmente, a maioria das pessoas não elogia. Se alguém age corretamente, dentro do esperado, ninguém diz nada. Porém, se essa mesma pessoa agir fora do padrão esperado, um pouco que for, então aguarde os "carões", as críticas e até as humilhações.

Chega a ser inusitado, uma novidade, quando um pai, um chefe, um professor ou um irmão demonstra sua satisfação com o filho, o aluno, o irmão, o colega de trabalho.

Algumas reflexões são necessárias para praticarmos mais o poder do elogio e do mérito. Comece refletindo pelas perguntas a seguir.

- Quando foi o elogio mais recente que você recebeu?
- Quando foi o elogio mais recente que você deu?
- Como você se sente quando é elogiado?
- O que se sente e o que acontece no ambiente quando se elogia o filho, o irmão, o pai, a mãe, o colega de trabalho, o chefe, o subordinado etc.?
- O elogio pode ser considerado um ato puramente de reconhecimento, do fundo do coração da pessoa que o emite?
- O elogio pode também ser um ato maquiavélico, sedutor, bajulador, sarcástico?
- Por que será que é mais difícil elogiar que humilhar?
- Quem, do seu contato pessoal ou profissional, merece um elogio agora?
- Já pensou quantos elogios você não deu a vida toda até agora?
- Qual o tipo de elogio que você mais deu: sincero, sarcástico, puxa-saco, sedutor ou interesseiro?

Curiosidade

Outro dia, no programa de entrevistas de Jô Soares, uma entrevistada, dona de uma grife exótica de calcinhas e confecções, recebeu um elogio de Jô, e ela prontamente rebateu: "...Pôxa, que é isso. São seus olhos!" E Jô Soares retrucou: "Por que será que vocês artistas bons nunca aceitam um elogio? Vocês são bons mesmo e devem acreditar mais nos elogios, ora, bolas!"

Isso prova que, até para receber elogios, há bloqueios nas pessoas. Incrível! O próprio Roberto Marinho sempre elogiou; quando dava carão nos seus colaboradores, fazia de forma privada e sincera.

Até Maquiavel disse um dia na sua obra *O Príncipe* : "...Deve ainda um príncipe mostrar-se amante das virtudes, dando oportunidade aos homens virtuosos e honrando os melhores numa arte".

Tenho certeza de que ao final você saberá responder a cada uma das dez perguntas feitas anteriormente. E mais: agirá mais na vida, elogiando quem merece.

Enfim, torço, quero e desejo que as relações interpessoais no Brasil e no mundo sejam mais cheias de elogios sinceros, após a leitura deste livro. Tenho certeza de que serão.

3.7.1. A VISÃO BIOQUÍMICA DO ELOGIO

Elogiar...para quê?

Porque, a cada vez que se elogia, a pessoa elogiada sente-se reconhecida, aceita pelo grupo ou por outra pessoa, criando uma preparação para uma evolução, um crescimento no campo pessoal e profissional, além de fazer bem à saúde emocional e física de quem dá e de quem recebe o elogio.

O que acontece com o corpo humano, na fisiologia humana, quando alguém recebe um elogio?

A informação, o elogio, é recebida via canal auditivo ou visual, que chegando ao cérebro detona uma série de circuitos neuroniais entre células do sistema nervoso central, ativando um conjunto de subsistemas chamados de glândulas. Essas glândulas excretam na corrente sangüínea neurotransmissores (substâncias químicas que podem ser boas ou ruins para a saúde, dependendo da qualidade da informação recebida), absorvidos pelas células receptoras.

No caso de recebimento do elogio, os neurotransmissores envolvidos são considerados "mensageiros da alegria", da satisfação, do bom humor, da auto-estima, da autoconfiança, do apetite e da disposição.

Os principais "mensageiros da auto-estima, da alegria e da autoconfiança" são a serotonina e a noradrenalina.

Os principais sinais corporais dos resultados de um elogio no ser humano estão descritos a seguir.

3.7.1.1. Pela Ação da Serotonina

• Motivação.

• Apetite equilibrado.

• Libido sexual no padrão adequado.

• Harmonia social, boas relações interpessoais.

• Bom humor.

• Pensamentos otimistas e positivos de perseverança.

• Tranqüilidade e centralização emocional.

3.7.1.2. Pela Ação da Noradrenalina

• Energia em equilíbrio, disposição.

• Interesse e capricho nas coisas.

• Alta concentração.

• Bom senso.

• Capacidade de tomar decisões.

• Pensamentos positivos e de "ir além".

• Inteligência emocional e controle.

3.7.1.3. A Bioquímica do Elogio

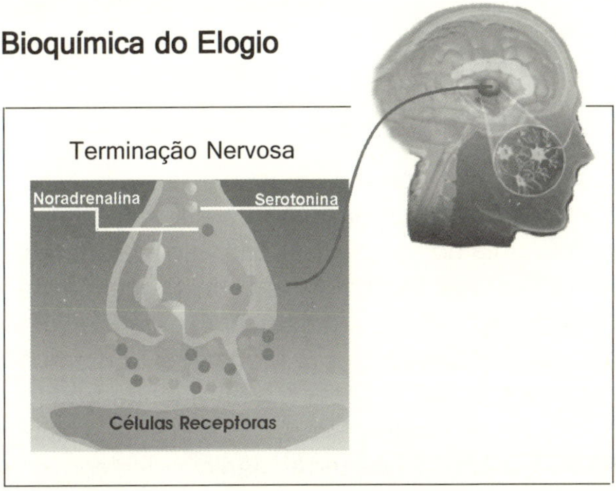

Figura 3

O elogio imprime no cérebro uma informação que é transformada em crença. Elogiar é um processo educativo capaz de transformar qualquer ser humano apático e descrente em pessoa realizadora, corajosa, competente e feliz.

E assim, podemos dizer, toda mudança de um comportamento passou, passa e passará por um belo elogio sincero, ou Reforço Positivo.

Então... não perca a chance de, no convívio com as pessoas, injetar engajamento, entusiasmo e motivação através de uma mudança na fisiologia delas. Elogiar é agir primariamente na bioquímica e no funcionamento do cerébro das pessoas. Portanto, aproveite o melhor possível esse procedimento.

3.7.2. A VISÃO RELIGIOSA DO ELOGIO

Elogiar...para quê?

Porque ajuda a raça humana a agir com mais consciência, dedicação e fé na sua missão e a ser mais fraterna.

A Visão Religiosa do Elogio

Vamos aqui relacionar pontos de vista de três religiões. Em um certo momento, todas as visões (luterana, espírita e judaica) irão se misturar, pois na essência todas falam a mesma coisa. O elogio é uma aplicação do Evangelho.

3.7.2.1. A Visão Luterana

Os Luteranos reforçam o enfoque educacional do poder do elogio. É o **"cultivo"** do bom comportamento cristão. Observando a lição de Cristo, na parábola do semeador, tem-se que esta revela que a fé e os sentimentos cristãos frutificam em um processo de muito cuidado. Bruno Edgar Ries, professor de psicologia da PUC/RS e que integra o quadro dos colaboradores do *site* Mensageiro Luterano, diz que: "O cristão não pode ser o 'sol' a secar a planta ainda frágil, sem raízes, nem 'espinhos' a sufocar a planta. Para que o cristão cresça na fé e no amor, espera-se que, além da 'boa terra', não conviva com críticos (o sol inclemente que queima e espinho que sufoca)".

Elogiar é uma forma de apontar ou reforçar o caminho a seguir. Bruno Edgar Ries afirma ainda que não se deve dar um elogio demagógico ou incoerente, pois pode fazer a pessoa ter uma visão prepotente e irreal do mundo.

Assim como para que possa brilhar a luz, tal como fala Jesus em Mateus, 5:16, e os homens (vejam as boas obras), espera-se que os pais apostem nos seus filhos e os cristãos façam o mesmo com seus irmãos.

3.7.2.2. A Visão Espírita

Os Espíritas propagam que não se deve gabar-se nem elogiar os outros, assim como faziam os Fariseus. O espírito de vaidade, de pompas, de grande eloqüência e júbilo vão de encontro ao que se prega, que é um comportamento sem exageros e humilde. A verdadeira bandeira do espírita é a do autoconhecimento, e Allan Kardec ensina: "...Examinai os vossos defeitos, e não as vossas qualidades, e se vos comparardes aos outros, procurai o que existe de mau em vós" (*O Evangelho Segundo o Espiritismo*, capítulo 27-4).

O elogio, para os espíritas, é nocivo tanto quanto as drogas, pois pode viciar a vaidade, o orgulho e o egoísmo. **Mas, chega a ser pior que o vício das drogas**, pois todo ser humano carrega em si um pouco de vaidade, orgulho e egoísmo. E a droga só se torna vício se houver uma procura física.

Uma linha de espíritas atuais no Brasil não é muito de acordo com a excessiva exposição na mídia de alguns oradores que se deixam envolver pelo *show business*. Comparando, eles dizem que, apesar da fama, Francisco Cândido Xavier nunca se deixou levar por "essas coisas" materiais.

3.7.2.3. A Visão Judaica

Os Judeus pregam que o auto-elogio, deve sempre deixar um pouco de opinião "perversa" sobre si mesmo, pois assim evitará o júbilo, não se considerará perfeito e estará sempre buscando o aperfeiçoamento em direção do bem, da justiça. Porém, deve-se ter cuidado para não se autolouvar por um conceito, abaixo do que você realmente representa, a fim de evitar a tristeza e a depressão. **Frases como estas servem de reflexão:**

> *Seja justo e não seja perverso.*
> *Mesmo que o mundo todo lhe diga que você é justo, considere-se perverso.*

3.7.3. A VISÃO SOCIOLÓGICA DO ELOGIO

Elogiar...para quê?

Para que exista Justiça Social, o que não significa Igualdade Social. Justiça Social é valorizar e dar àqueles que merecem reconhecimento, o mérito, o prêmio e o elogio de forma individual. Igualdade Social tem a ver com Direitos Humanos.

A Visão Sociológica do Elogio

Por que no Brasil, seja nas empresas, seja em uma roda de amigos ou na família, as pessoas não elogiam umas às outras?

Por que será que o "santo de casa" não faz milagres?

No Brasil, diferentemente de outros países, desde nossa constituição como nação, introjetou-se no inconsciente coletivo do povo brasileiro o "jeitinho" de se conseguir as coisas no âmbito empresarial e social. Esse jeitinho sempre esteve atrelado ao sobrenome da família, à origem aristocrática dos primeiros senhores que administraram e receberam as benesses da Coroa portuguesa.

Essa linha política do **favorecimento aos apadrinhados**, que se perpetua até hoje, tornou-se fator de descrença quanto ao mérito das pessoas, e assim **Elogiar... para quê?** Ainda perguntamos: **Quem ajudou a perpetuar essa lógica social? Quem ajudou a perpetuar esse raciocínio?**

A lógica da igualdade jurídica brasileira foi estruturada no Direito Romano, que se baseia na crença de que todos nós somos sujeitos morais, membros de uma mesma espécie, e que as diferenças entre os resultados apresentados pelas pessoas são vistas como conseqüência de variáveis históricas e sociais, em vez de conquistas individuais.

Pelo menos é o que afirma Lívia Barbosa, professora e PhD em Sociologia e articuladora de revistas empresariais.

Logo, os resultados de cada pessoa, bons, medianos, ou ruins, não são considerados tão pessoais assim; são, na verdade, fruto das condições abaixo:
- É filho de quem? Onde morou?
- Onde estudou? Quem são seus amigos?
- É apadrinhado por quem?

Em resumo, quando alguém "chega lá", não é só pelo seu mérito, é também por causa desse fator histórico e personalista também do apadrinhamento.

Um erro grave!

Lívia Barbosa diz, ainda:

> ... A competição social no Brasil se torna assim um mecanismo social negativo, pois coloca em confronto resultados incomparáveis entre si, e a idéia de **Justiça Social** se torna identificada com a de **Igualdade Social**.

A partir da visão sociológica, vemos, então, o elogio como "conseqüência" de uma ambiência, de uma filosofia e de um estilo de vida, em que se reconhece o mérito em prol de otimização de processos e da justa valorização pessoal dentro do meio social e dentro das empresas.

Traduzindo, o ambiente é justo quando as chances para os melhores são instigadas, e estes são contemplados.

3.7.3.1. Qual o Cenário do Elogio no Brasil?

Resposta 1: No Brasil, nunca os intelectuais e os líderes estiveram interessados no assunto.

Resposta 2: No Brasil, tanto na esfera pública, quanto na privada, as organizações utilizam muito bem o critério meritocrático para a seleção de talentos, dos novos colaboradores ou servidores, através de testes e concursos, que, de uma forma democrática, disputarão e ocuparão os cargos em aberto. Porém, uma vez contratados, seja a empresa pública, seja a privada, não ocorre o uso do critério meritocrático, na grande maioria das empresas, para premiar, promover e dar distinção no dia-a-dia.

Quando o sujeito já está fazendo parte do grupo, então "Elogiar... para quê?" Reconhecer o mérito, como?

Pior, o critério hierarquizante, na maioria das vezes, é o aprimoramento do protecionismo ou pela antigüidade, sem nenhuma base no merecimento.

Observação:

Justiça Social é igual a Igualdade Social? Ou Justiça Social é reconhecer e diferenciar o mérito e elogiar quem merece ser elogiado?

Sinônimos de frases que contemplam a descrença dos brasileiros pelo elogio!

"...É filho do 'homem'".

"...A peixada pra passar aqui é grande".

"...Fulano tem costas largas".

"...Sicrano é amigo do dono".

"...Vou elogiar pra quê? ...É um arrumadinho mesmo..."

3.7.3.2. O "Pistolão" como Traço Cultural do Mérito!

Algumas Verdades

- O "pistolão" é um paradoxo. Todos criticam quem dá ou recebe, mas muita gente gostaria de receber um algum dia.

- O pistolão, às vezes, tira a chance de profissionais melhores.

- O "pistolão", entretanto, outras vezes, é justo, pois a pessoa que recebeu era merecedora.

- Os primeiros "pistolões" no Brasil foram as Capitanias Hereditárias e suas derivações geopolíticas e econômicas.

- O "pistolão" que se torna um sistema político pode transformar o clima nas empresas em clima de desmotivação, injustiças e cheia de tiranos.

3.7.3.3. A Metáfora de Macunaíma

Talvez uma resposta para entendermos por que santo de casa não faz milagres.

Quais as diferenças entre o Herói Brasileiro e o Herói Americano?

Comparando o inconsciente coletivo brasileiro com o norte-americano, mostramos por que o elogio é escasso no Brasil.

Para responder a essa questão, dividirei o Quadro 7 em duas colunas respectivas, correspondendo uma a um herói brasileiro – Macunaíma, que quase ninguém conhece, cujo autor é Mário de Andrade – e outra a um outro herói americano – Super-Homem (mas bem que poderia ser Hulk, Capitão América, Homem de Ferro, Homem-Aranha ou Sandra Bullock, no filme "A Rede").

Só para lembrar: foram os portugueses interessados nos diversos tipos de benesses extrativistas e escravocratas do índio e do africano que colonizaram o Brasil, os quais tinham um único objetivo: furtar as riquezas da nova colônia.

Já nos Estados Unidos, a colonização foi realizada por cidadãos irlandeses, ingleses, perseguidos pelas cruzadas religiosas, os quais tinham um único objetivo: construir um novo lar, uma nova pátria e nação, interessados no progresso da nova terra.

Quadro 7
Comparação entre a Cultura do Elogio no Brasil e nos Estados Unidos

Macunaíma	Super-Homem
Biotipo Sem raça definida, Macunaíma é uma mistura de negro, índio e branco.	**Biotipo** Branco, olhos azuis, corpo atlético.
Contatos sociais Conhece todo mundo, do prefeito ao padre; é bastante popular.	**Contatos sociais** Quase nenhum, apenas colegas de trabalho e a namorada.
Estilo de personalidade É extrovertido e amigo de todos.	**Estilo de personalidade** É introvertido, mora sozinho, ninguém na vizinhança o conhece direito, nem sabe de onde veio.
Talento Todo mundo duvida, pois santo de casa não faz milagres; tem de mudar o estilo para provar que é bom, a fim de convencer todo mundo a vida toda.	**Talento** Ninguém põe dúvida; seu mérito é reconhecido; é muito elogiado.

Pergunta: Mas por que essa comparação entre o herói brasileiro e o herói americano?

Resposta: Somente para afirmar que o herói americano é reconhecido, que ninguém duvida da sua competência, que não interessa a origem ou o jeitão da pessoa. Se o sujeito é bom, ...então, pronto! Tome o elogio, o reconhecimento do mérito e o dinheiro além de uma visita à Casa Branca ou para um desfile em carro aberto pela Quinta Avenida, quando não recebe o Oscar, o Grammy ou outros *awards* que existem na sociedade americana.

...Já no Brasil, "santo de casa não faz milagres".

É mais fácil fazer sucesso "lá fora" e depois voltar do que ficar pelejando no bairro, na cidade, no estado, até mesmo no Brasil e na própria família.

Algumas Verdades

Para ser considerado bom em alguma atividade profissional no Brasil, muitas vezes, a pessoa tem de estar a um passo da "canonização pelo Papa". Porque senão ...Ah, quem é esse cara aí? ...Quem ele pensa que é? Qual o sobrenome? Estudou em universidade federal ou particular?

A pessoa tem de provar que é de boa família, tem boas amizades, não é um viciado, não é namorador, não tem um passado de fracassos, ou que não teve algum dia problemas de relacionamento interpessoal. ...Ufa! Enfim, tem de provar que é um cara limpo, sem pistolão, que é extraordinário por sua própria conta.

Curiosidade

Outro dia, em um programa de *talk-show* brasileiro fizeram a seguinte pergunta a uma grande dançarina de um grupo musical:

"Qual o seu *hobby* preferido?" E ela respondeu: "...O meu *hobby* preferido é um rosa de seda".

No dia seguinte, ela foi execrada na mídia, nos tablóides fofoqueiros e nas rodas de conversas Brasil afora. Não interessa se ela não sabe distinguir entre uma peça íntima e uma atividade de lazer. O que deveria importar é que ela era uma ótima profissional na sua atividade.

Pergunta: Por que isso acontece? Por que uns acham que aquela pessoa de destaque tem de ser boa em tudo?

Resposta: Simplesmente porque as pessoas que têm o mérito, e são as melhores no que fazem, na sua profissão, dificilmente vão ser consideradas tão boas assim. Há inveja no ar. Isso é uma prova inconteste da lógica social de que falamos neste capítulo, sobre justiça pelo mérito e pela valorização dos melhores.

Muitos não acreditam que a pessoa é boa mesmo. *"Et c'est fini!"*. Ninguém é tão bom assim para ser **elogiado. Elogiar... para quê?** E ainda ouvimos as seguintes asneiras invejosas:

> *...Prata da casa não reluz! Alguém grande está ali por detrás, patrocinando, protegendo ou forçando a barra para que este alguém seja o bom do momento, pois ele mesmo sozinho... duvido que conseguiria!*

3.7.3.4. Como Elogiar Alguém Agora?

Pare! Reflita por um instante: quem da sua família ou do seu trabalho merece um elogio há muito tempo? Ligue agora para essa pessoa! Se não tiver o telefone ou não puder dizer pessoalmente agora, não deixe passar de 24 horas.

Ligue já! Relacione, no Quadro 8, pelo menos cinco nomes e seus números telefônicos e e-mails para contato:

Quadro 8

A Agenda do Tempo do Elogio

NOME	TELEFONE	E-MAIL

Elogie, deixe de ser econômico. Deixe de orgulho, de vergonha, de cerimônia.

– Ligue agora! Passe um fax! Um telegrama fonado!

– Passe uma mensagem pela Internet!

– Fale pessoalmente! Se não souber falar, veja um dos torpedos do elogio, a partir da página 108.

...E veja o prazer que dá. Você passará o resto da semana com o sentimento de ter saldado uma dívida com o mundo e com as pessoas que o rodeiam.

E tem mais...

Relacione, elogie também alguém que não seja do seu contato diário, mas que você sabe que é um supercraque na sua atividade profissional ou como ser humano, também nas próximas 24 horas (Quadro 9).

Quadro 9

A Agenda dos Torpedos do Elogio

NOME	TELEFONE	E-MAIL

...Depois perceba como ficou o clima com o seu mundo e com essas pessoas.

Observação:

Muita gente vai achar esquisito, eu sei disso! Mas depois você explica que está fazendo uma reengenharia na vida, saldando uma dívida para propagar as boas ações dos craques da humanidade nesse mundo!

Algumas Verdades

1 – Quantas vezes ouvimos dizer:

"Você sabe com quem está falando?"

"Ele é bom, mas..."

"Brasileiro tem memória curta, não valoriza seus ídolos e seus heróis do passado e do presente."

2 – É mais fácil os brasileiros saberem a biografia de Churchill, Thomas Edison, Adam Smith, Henry Ford, Mr. Watson (da IBM), Sam Walton (do Wall Mart), Walt Disney, Jack Welch do que de Assis Chateaubriand, Getúlio Vargas, Delmiro Gouveia, Roberto Marinho, Pelé, Frei Caneca, Santos Dumont, Villa-Lobos, Marechal Rondon, Carlos Chagas, Oswaldo Cruz, Irmã Dulce, Chico Xavier, Dom Hélder etc., os nossos verdadeiros heróis.

Pensamento: Meritocracia é a causa de uma filosofia justa e democrática na relação social. O elogio é uma conseqüência.

3.7.4. A VISÃO DO ELOGIO NO AMBIENTE DE TRABALHO

Elogiar...para quê?

Porque é o programa de motivação mais eficaz, barato e de longo prazo.

Porque é a maior conseqüência de um ambiente de trabalho que tem uma cultura baseada no espírito de equipe, no reconhecimento do mérito e da qualidade.

Porque, assim, consegue-se maiores lucros, mais clientes, funcionários comprometidos e gente trabalhando com prazer.

No mundo do século XXI, globalizado, competitivo, com escassez de mercado e talentos, cada vez mais é vital para qualquer organização, seja pública, seja privada, ter gente motivada e comprometida.

Nesse **jogo da globalização,** é preciso ter acesso à tecnologia, aos prêmios de qualidade, e conhecer os **segredos** do mixmarketing e seus 3 Ps (ponto, preço, promoção). Agora é a vez e a hora do **"4º P"** do marketing nessa guerra pelo sucesso: é a hora do P de **Pessoas talentosas**, que sejam altamente dedicadas, altamente capacitadas e altamente com autoestima elevada, valorizadas e reconhecidas pelos seus méritos, habilidades e talentos, postos em ação com atitudes e resultados.

Logo, ter gente que possa fazer a diferença, hoje, diferentemente do "tempo da cenoura ou do chicote", de épocas passadas, é ter nas estratégias do *endomarketing* políticas de gestão de cenários e de pessoas que possam contemplar o reconhecimento do mérito, do sucesso, dos que fazem a diferença. O elogio, dessa forma, é uma ferramenta primordial e potente para isso.

3.7.4.1. Algumas Frases Imaturas que não Cabem Mais

Abaixo, os falsos mitos do elogio:

- "Eu já pago o salário, para que vou elogiar?"
- "Se eu elogiar, ele(ela) vai ficar metido(a), esnobe!"
- "Eu só elogio se a ação for extraordinária."
- "Ninguém aqui percebe quando eu faço um elogio falso. Todo mundo aqui é meio-desligado, mesmo!"
- "Eu, elogiar? ...Já pago muitos benefícios sociais a essa turma! Seu eu elogiar, vão me achar o chefe bonzinho e daqui a pouco vão sentir-se os próprios donos."
- "Elogiar... para quê? O salário não está em dia?"
- "Elogiar... para quê? Pode ser que alguém se sinta enciumado, injustiçado... é melhor não elogiar ninguém, deixar assim mesmo."
- "É melhor distribuir o lucro igual para todo mundo. Só assim vou evitar confusão e fofoca de protecionismos."
- "Elogiar... para quê? Funcionário tem de ser tratado com frieza e distância para manter o respeito."
- "Tá vendo, não se pode elogiar."
- "É só elogiar, e já fez uma besteira."

3.7.4.2. Por Que Ainda é Coisa Rara Ouvir um Elogio no Trabalho?

Resposta: Porque está encravado, tanto pelo fator de formação religiosa, quanto pelo de formação histórica, cultural e econômica do Brasil, que elogiar é menos importante do que chamar atenção, fazer uma crítica negativa, ao vivo e em cores. Viemos de um sistema patriarcal, coronelista.

3.7.4.3. Como é a Prática do Elogio nas Empresas do Brasil nos Dias de Hoje

Resposta 1: Os gerentes, os líderes e os empresários no Brasil estão sempre em sintonia e buscando todas as novidades, tecnologias e formas de fazer. Porém, todos têm dedicado pouco tempo e atenção ao critério da meritocracia nas avaliações de desempenho.

Resposta 2: Nas empresas com avaliação de desempenho, sempre que a avaliação é mal-feita ou mal conduzida, e os problemas daí decorrentes aparecem, eles não são tratados da forma como deveriam ser, sempre se jogando culpa da má avaliação no despreparo do avaliador ou no tipo de avaliação adotado na empresa.

Resposta 3: Receber bons salários, reconhecimento social, elogio, *status* e seguir uma carreira na própria empresa são coisas raras no Brasil.

Resposta 4: A competitividade, a busca por pessoas talentosas e sua retenção no quadro de funcionários forçarão todas as empresas a elogiarem mais, dentro de um espírito de reconhecimento do mérito individual. Isso fará bem ao ego desses talentos, além de servir como reforço afetivo à permanência dos colaboradores naquela empresa.

3.7.4.4. *Feedback* e Elogio são a Mesma Coisa?

Resposta 1: Não. *Feedback* é um processo maior, cujo objetivo não é só reconhecer o mérito, mas também fornecer dados detalhados a uma pessoa ou a um grupo, ajudando-os a evoluir sua *performance* a fim de atingir metas e objetivos.

- O *feedback* positivo objetiva a evolução do melhor desempenho.
- O *feedback* negativo objetiva o resgate do melhor desempenho das pessoas.

Observação:

Em ambos, as pessoas se sentem, de certa forma, reconhecidas, pois sabem que há pessoas observando-as. E isso é muito bom! Ser cobrado é bom, é sadio para um grupo organizacional.

ATENÇÃO!

Cobrar é solicitar o que foi combinado.
Reclamar é simplesmente um xingamento.
Não confunda nunca cobrar com reclamar!

3.7.4.5. Por Que as Pessoas Acham Difícil dar *Feedback*?

Resposta 1: Na nossa cultura, há "algumas normas", com origem lá no Brasil colonial, que não aceitam a manifestação de sentimentos pessoais aos outros.

Resposta 2: Tem gente com medo de dar *feedback*, pois, se assim o fizer, alguém pode até ficar chocado e, com isso, pode perder o colega, ou mesmo reconhecer que o outro é melhor.

Resposta 3: As pessoas receiam que o outro tenha uma reação agressiva.

Resposta 4: As pessoas têm medo que seu *feedback*, tanto o positivo, quanto o negativo, seja mal-interpretado.

3.7.4.6. Quando um *Feedback* é Bem-Feito e Bem-Dado?

Resposta 1: Quando é descritivo, em vez de ser um processo de julgamento ou avaliação.

Resposta 2: Quando é específico. Ex.: "No último encontro, você realmente nos surpreendeu, por isso..."

Resposta 3: Quando, mesmo negativo, há um incentivo no final ao colega. Ex.: "Sei que não retornarei a este assunto, pois acredito na sua competência, você tem sido um bom profissional para a empresa".

Resposta 4: Quando é primordial, desejado, oportuno e imediato: sempre haverá o momento certo para o *feedback* positivo ou negativo. É preciso ter bom senso e ser rápido na emissão do *feedback*.

Resposta 5: Quando leva em conta apenas o desempenho, e não questões pessoais, tanto no *feedback* positivo, quanto no negativo.

Algumas Verdades

1 – É vital os líderes e os chefes orientarem mais vezes seus subordinados, e até mesmo colegas e superiores, lançando mão de cartas, jornalzinho interno, *newsletters*, memorandos ou algum tipo de discurso, de elogio, em reuniões. O importante é revelar de forma verbal e

não-verbal as qualidades e as conquistas das pessoas, e o quanto isso é bom para a empresa como um todo.

O importante é não deixar passar nenhuma oportunidade de elogiar, mesmo que seja um elogio "programado".

2 – Pense: como você se sente quando o seu chefe esquece, não valoriza e nem percebe a qualidade do seu trabalho tão bacana e suado?

3 – Meritocracia faz bem à Cultura Organizacional; elogio (filho da meritocracia) faz bem ao Clima Organizacional (a rotina de trabalho das pessoas).

ATENÇÃO!

O importante é:

- Não demorar a fazer o elogio. Seja imediato!
- Dizer como se sente pelo desempenho do outro.
- Dizer o motivo que fez a pessoa receber o elogio.

3.7.4.7. Quer Elogiar Mais?

Então, mande os Torpedos do Elogio!

Não sabe falar, não tem criatividade para escrever, não pode passar e-mail ou fax? Então, envie os "torpedos" a seguir, a quem mereça seu elogio.

São textos de elogio, para quem desejar enviar a colegas, chefes ou subordinados, e até mesmo a fornecedores.

Você pode copiar, em forma de filipeta, ou marca-texto, e enviar a alguém que mereça, seja um colega, seja um cliente, com os quais você não tenha tempo nem "jeito" para falar por telefone ou pessoalmente. Portanto, aproveite-os bem, e crie algo em cima depois.

A partir de agora, não há mais desculpas para você não elogiar sinceramente todas as pessoas que merecem. Então,

...mãos à obra e ...elogios em ação, aos colegas e aos clientes externos, a fim de cativá-los e encantá-los.

Torpedos do Elogio aos Colegas

Torpedo do Elogio ao Colega – 1

Para: _____

Palavras sempre serão poucas para descrever o que você tem feito de bom nas suas atividades, orgulhando todos aqui da empresa de tê-lo como colega.

Continue sempre assim.

Sucesso!

De: _____

Torpedo do Elogio ao Colega – 2

Para: _____

Como é importante o exemplo profissional que você transmite para todos os colegas, sempre com uma atitude positiva, amiga, proativa, empreendedora e dedicada em todos os instantes.

Parabéns pela postura!

Sucesso!

De: _____

Torpedo do Elogio ao Colega – 3

Para: _____

Você é um dos melhores profissionais que conheço. Trabalhar com pessoas como você é um grande orgulho para todos nós.

Sucesso ainda mais!

De: _____

Torpedo do Elogio ao Colega – 4

Para: _____

Você é craque e tem dado "show de bola" no seu trabalho. Continue sendo este exemplo de profissional.

Abraço forte!

De: _____

Torpedo do Elogio ao Colega – 5

Para: _____

É muito bom trabalhar ao lado de profissionais como você, não só pela sua excelência técnica, mas também pelo seu alto-astral com colegas e clientes.

Obrigado!

De: _____

Torpedo do Elogio ao Colega – 6

Para: _____

Há muito tempo, você merecia este reconhecimento pelos resultados que você tem conseguido. Continue sempre buscando alcançar suas metas.

Obrigado!

De: _____

Torpedos do Elogio aos Clientes

Torpedo do Elogio ao Cliente – 1

Para: _____

Ter como cliente um profissional de sucesso como você é um orgulho para nossa empresa.

Por isso, é uma grande satisfação atendê-lo em tudo do seu interesse. Faremos sempre o que estiver ao nosso alcance.

Grato!

De: _____

Torpedo do Elogio ao Cliente – 2

Para: _____

Você é uma pessoa importante para todos nós. Estamos todos empenhados em atendê-lo e tratá-lo bem. Conte conosco para tudo que for necessário para satisfazê-lo.

Saudações!

De: _____

Torpedo do Elogio ao Cliente – 3

Para: _____

Você é um cliente muito especial para nossa empresa.

Tratá-lo acima das expectativas e dar o nosso máximo é nossa missão.

Seja sempre bem-vindo e conte conosco!

De: _____

> **Torpedo do Elogio ao Cliente – 4**
>
> Para: _____
>
> Você tem sido um grande cliente e parceiro de nossa empresa. Conte com cada um dos nossos profissionais para atendê-lo nas suas necessidades.
>
> Somos uma família à sua disposição.
>
> Grato!
>
> De: _____

Torpedos do Elogio Na Família

> **Torpedo do Elogio na Família – 1 (dos pais para os filhos)**
>
> Para: _____
>
> Você é um orgulho para seus pais. Deus nos deu o maior e mais belo motivo para lutarmos pela vida: você, meu filho(a).
>
> Amamos você demais!
>
> Conte sempre conosco!
>
> De: _____

> **Torpedo do Elogio na Família – 2 (dos pais para os filhos)**
>
> Para: _____
>
> Somos muito felizes, pois temos um(a) filho(a) amigo(a), estudioso(a), sincero(a), atencioso(a) e amoroso(a) com todos, como você é.
>
> Somos os pais mais felizes do mundo!
>
> Beijão, filhão(ona)!
>
> De: _____

Torpedo do Elogio na Família – 3 (dos pais para os filhos)

Para: _____

Filho(a), você é a nossa maior motivação! Você é nossa maior força! Você é a maior e a melhor razão de nossas vidas!

Dos seus melhores amigos,

De: _____

Torpedo do Elogio na Família – 4 (dos filhos para os pais)

Para: _____

Sempre quis expressar o quanto sou feliz em ser seu _____, mas nunca soube como dizer.

Agora, escrevo para revelar e expressar o quanto você é importante em minha vida.

Você é um show de pai(mãe).

Abraço bem forte! Beijos!

De: _____

Torpedo do Elogio na Família – 5 (dos filhos para os pais)

Pai, Mãe,

Bem que Deus me disse que eu iria encontrar dois belos *anjos da guarda* na minha vida.

Devo a vocês tudo que sou pela sua capacidade de amar.

Amo-os, muito, muito!

De: _____

> **Torpedo do Elogio na Família – 6 (dos filhos para os pais)**
>
> Pai, Mãe, vocês são os meus heróis de verdade.
>
> Obrigado por toda mamadeira, toda vacina, toda tarefinha da escola que relutei em fazer. Vocês sempre me mostraram que era o melhor caminho a tomar.
>
> Obrigado por todo choro, todo afeto, todo amor incondicional, por se esforçarem pela minha segurança e felicidade.
>
> Amo muito vocês.
>
> Obrigado por tudo!
>
> De: _____

MOMENTOS DE REFLEXÃO

1 – Adam Smith, pai do capitalismo (sistema no qual estamos inseridos), afirmava que boa parte do progresso humano se deve aos **esforços independentes** de indivíduos e empresas, mostrando que ele mesmo acreditava que o **elogio, e ter pessoas motivadas**, era de muita importância para o século XVIII. Imagine hoje, em um mundo de violência, injustiças e globalizado, como um elogio é importante e poderoso para motivar as pessoas!

2 – Ken Blanchard, consultor americano, escreveu nos anos 80 o livro *Gerente Minuto*. A obra, sobre como ser um melhor líder de pessoas, foi a mais lida até hoje. Nele, o autor explora explicitamente o poder do elogio, tanto no momento de reconhecimento do mérito, quanto no momento de repreensão, de *feedback* negativo.

Ele afirma que, até mesmo em uma "repreensão", o contato deve ser finalizado com um forte elogio, no qual o crítico reforça sua crença na habilidade e na competência da pessoa. E, assim, a pessoa criticada se compromete ainda mais em corrigir-se.

3 – Um autor desconhecido disse uma vez: "...Os chefes, os empresários e os patrões estão tão ocupados e estressados com a carga de trabalho e compromissos que se esquecem de fazer um simples elogio. Não elogiando, perdem considerável capacidade de motivar seus subordinados e sua equipe".

> *Elogio é combustível para o ânimo, e comprometimento, para as pessoas darem um algo mais nas empresas.*

3.7.5. OS TIPOS DE ELOGIO E O NÃO-ELOGIO (A HUMILHAÇÃO)

Elogiar...para quê?

Porque sem elogio, sem amor e sem afeto, ninguém suporta viver.

Sem dinheiro se dá um jeito. Mas, sem saúde física, mental, vinda do elogio, de nada adianta viver.

Ser amado e auto-amado é a melhor motivação do homem.

Todas as pessoas têm um jeito próprio de elogiar.

Os tipos de elogio dependem do interesse do elogiador para com o elogiado.

São cinco os tipos de elogio:

• o elogio sincero;

• o elogio puxa-saco, babão ou demagógico;

• o elogio sedutor;

• o elogio interesseiro ou demagógico-maquiavélico.

• o elogio sarcástico.

Dale Carnegie, no seu *best-seller* histórico e clássico, o livro *Como Fazer Amigos e Influenciar Pessoas*, define nove princípios para se atingir o melhor relacionamento possível com outras pessoas. Esses princípios estão listados a seguir.

3.7.5.1. Nove Princípios do Elogio para Influenciar Pessoas.

Quadro 10

Princípio 1	Comece com um elogio e uma apreciação sincera.
Princípio 2	Chame indiretamente a atenção sobre os erros da outra pessoa.
Princípio 3	Fale de seus próprios erros antes de criticar os das outras pessoas.
Princípio 4	Faça perguntas, em vez de dar ordens.
Princípio 5	Não envergonhe as outras pessoas.
Princípio 6	Elogie o menor progresso e também cada novo progresso. Seja "caloroso" na sua aprovação e generoso no seu elogio.
Princípio 7	Atribua a outra pessoa uma boa reputação para que ela se interesse em mantê-la.
Princípio 8	Incentive a outra pessoa. Faça com que os erros pareçam fáceis de corrigir.
Princípio 9	Faça a outra pessoa sentir-se satisfeita, fazendo o que você sugere.

Fonte: *Como Fazer Amigos e Influenciar Pessoas* – Dale Carnegie

Enfim, elogio modifica a fisiologia, a forma de o indivíduo ver o mundo e o que ele projeta para sua vida.

O elogio é, com certeza, uma bela, forte e universal maneira de dizer quanto o outro é estimado, o quanto ele é importante ao grupo familiar ou ao grupo organizacional (empresa).

Mas, para elogiar "certo", entenda cada um deles abaixo descritos.

Ninguém precisa passar cinco anos em um curso de graduação de uma faculdade de psicologia para ver quem está dando um elogio sincero, sarcástico, sedutor, puxa-saco, e interesseiro. A intenção é óbvia, transparente, e todo mundo é capaz de perceber.

ATENÇÃO!

Saiba identificar as nuanças de cada elogio. A seguir, uma definição para cada um dos elogios.

3.7.5.2. O Elogio Puxa-saco, Babão ou Demagógico

a. Definição.

O elogio puxa-saco, babão ou demagógico é, às vezes, nojento, às vezes, inocente. É o mais descarado, o mais fácil de se identificar. Geralmente, são emitidos para pessoas que ocupam posições hierárquicas superiores ou personalidades e pessoas distintas. São os "tapinhas nas costas" deslumbrados e, às vezes, falsos.

ATENÇÃO!

Não estou aqui fazendo apologia de que personalidades ou chefões não mereçam elogios. Muito pelo contrário. Todo mundo merece elogio. É isso que pregamos neste livro. Porém, soa mais um elogio oba-oba, que é dado no momento em que há uma platéia, no momento em que o emissor e o receptor não estão sozinhos. Estão na presença de outras pessoas. São dados em reuniões, festas e encontros sociais.

b. Quem recebe.

Chefes, patrões, personalidades, pessoas distintas e comuns.

c. Quem emite.

Subordinados, fornecedores, políticos, profissionais, marqueteiros ...e qualquer puxa-saco de plantão.

d. O que esta pessoa (o emissor) quer conseguir?

Simpatia, estreitar relações, ser lembrado pelo outro, com ou sem interesse.

e. Exemplo de elogio babão.

"Este aqui é Sílvio Broxado, gerente financeiro, o homem do dinheiro, o homem-forte da empresa."

Comentário

Geralmente, tem platéia. Às vezes, não há segundas intenções, é apenas um "puxa-saquismo" explícito. Outras vezes, é um elogio sem propósito, pois é bobo na intenção e na expressão. O "tapinha nas costas" em encontros sociais é o mais famoso deles.

3.7.5.3. O Elogio Sincero

a. Definição.

É o reconhecimento social definido por Maslow. É o elogio que cativa, que faz as pessoas continuarem em uma execução de tarefas, em um projeto pessoal, em um desafio, atrás de conquistas, evolução e melhorias, em busca de uma vida melhor.

O elogio sincero é mais praticado nas famílias, embora já não tanto assim, do que nas empresas.

Nossa formação cristã da culpa dos pecados e nossa formação jurídica baseada no código romano sugerem que a Justiça Social passe pela Igualdade Social, e não pelo mérito individual.

b. Quem recebe.

Todas as pessoas que tiveram "a sorte" de ser reconhecidas por outras como craques nas suas atividades ou pela qualidade de ser humano que são.

c. Quem emite.

Aquelas pessoas que sabem da força, da potência de se valorizar os outros, incentivando-os nas suas rotinas, a fim de produzirem mais para que sejam mais felizes e para que evoluam.

d. O que esta pessoa (o emissor) quer conseguir?

Nada. Apenas quer proporcionar sucesso, crescimento e felicidade para os outros, sempre.

e. Exemplo de elogio sincero.

"Fabíola, que roupa legal! Você sempre impecável! Continue assim!"

Os torpedos (das páginas 108 a 113) são também exemplos de elogio sincero.

Comentário
Frases objetivas, sinceras, amigas e incentivadoras são características deste elogio.

3.7.5.4. O Elogio Sedutor.

a. Definição.

É emitido sob uma atitude de sensualidade, em que os fatores motivadores do elogio são diversos (atributos físicos, personalidade, poder, estilo de ser, posição social etc.) e envolve uma atração física. O elogiador corre sério risco de ser mal-entendido, ou mesmo até de ter seu elogio bem-entendido. Se a "cantada" for esperada, e o(a) elogiado(a) já tiver provocado esse elogio anteriormente, então, algo novo e bom na relação interpessoal elogiador-elogiado poderá surgir. Se o elogiador perceber que a "cantada" não foi uma boa idéia, e puder, com jeito, desfazer o mal-entendido", é bom fazê-lo, a favor da boa convivência no futuro como amigos comuns.

__ATENÇÃO!__

O elogio sedutor é muito importante e revigorante para os casais em qualquer estágio do relacionamento, seja na paquera, seja no namoro, seja no começo ou no meio de um casamento. Sempre o elogio sedutor dará um tempero ao casal.

No trabalho, quando indesejado e repetitivo, torna-se assédio sexual, o que enseja ação na Justiça.

Quando foi o último elogio sedutor que você fez ou recebeu?

b. Quem recebe.

Alguém que atraiu uma outra pessoa, devido à sua beleza estética, ou por sua beleza interior, simpatia, poder, personalidade ou comportamento, riqueza, inteligência ou posição social. Nem sempre quem recebe interpreta-o bem, rejeitando-o.

c. Quem emite.

Homem ou mulher que se sentiu atraído(a) por outra pessoa.

d. O que esta pessoa (o emissor) quer conseguir?

O objeto de desejo é a outra pessoa, "para ficar" ou para amar, de verdade.

e. Exemplo de elogio sedutor.

"Fabíola, que roupa sensual! Sempre percebi o quanto você é atraente!"

Comentário

As palavras são doces e expressadas verbalmente em um tom grave, monótono, lento, caloroso e sedutor; é transparentemente observável.

3.7.5.5. O Elogio Interesseiro ou Demagógico-Maquiavélico

a. Definição.

É o elogio do interesse político, do interesse financeiro, social, econômico, dos lobistas profissionais. Muito difundido e utilizado por capitalistas, empresários, políticos e por qualquer pessoa que tenha "quintas" intenções com aquele relacionamento interpessoal. Geralmente, há uma força corporativa por detrás que utiliza essa prática através de "representantes legitimados", para, de certa forma, realmente seduzir também seus alvos e conseguir suas vantagens. São os "tapinhas nas costas" falsos e maquiavélicos.

ATENÇÃO!

Vale dizer que um elogio interesseiro também pode ser sincero. Aliás, todos os elogios podem ser sinceros, mas não deixarão, nunca, de possuir alma que o caracteriza (do puxa-saco, do sedutor ou do interesseiro).

b. Quem recebe.

Quem ocupa funções, cargos e posições de interesse estratégico na liberação ou na formação de vantagens para os interessados.

c. Quem emite.

Aquele em busca de vantagens dos mais diferentes tipos.

d. O que esta pessoa (o emissor) quer conseguir?

Vantagens e benefícios, de ordem social, econômica, política, financeira etc.

e. Exemplo de elogio interesseiro.

"Poxa, Sílvio! Como este seu livro está bem-organizado. Mas, mudando de assunto, quando posso pegar emprestada aquela sua filmadora?"

Comentário

Durante um elogio interesseiro, se as segundas intenções não forem apresentadas de "bate-pronto", espere que logo, logo, o **pleito** virá.

3.7.5.6. O Elogio Sarcástico

a. Definição.

É um antielogio. Na verdade, chega a ser uma humilhação. Tem o objetivo de ridicularizar a outra pessoa. Ele acontece quando as pessoas em interação não têm boa convivência, ou até mesmo não se gostam.

O **elogio sarcástico** é um ataque sutil e desmoraliza o outro. Se houver platéia, então, poderá haver um dano moral. Na página 121 deste livro, falaremos sobre esse assunto e trataremos um pouco sobre *assédio moral*, que é o "carão", a reclamação e o grito no ambiente de trabalho.

b. Quem recebe.

Qualquer pessoa. Porém, acontece muito entre pessoas que ocupam cargos ou níveis sociais e hierárquicos distintos.

c. Quem emite.

O mesmo de quem recebe.

d. O que esta pessoa (o emissor) quer conseguir?

Fazer o outro sentir-se um ninguém, sem valor, perturbado, envergonhado e triste.

e. Exemplo de elogio sarcástico.

"Humm! Você está tão bem 'vestidinho' hoje!"

Comentário

O "humm" e "vestidinho" (no diminutivo) direcionam toda a intenção de ridicularizar ou humilhar o "elogiado".

A seguir, uma breve explanação sobre o que caracteriza o assédio moral nas empresas

3.7.6. O QUE É ASSÉDIO MORAL?

O assédio moral é uma guerra psicológica que já existe há muito tempo, provavelmente desde que começaram a existir as relações de trabalho, mas só agora é que resolveram batizá-lo e repudiá-lo. Assédio moral é qualquer espécie de humilhação sofrida no ambiente de trabalho, especialmente vinda dos chefes. Hoje, porém, os trabalhadores estão mais informados sobre sua intensificação e gravidade; após muitos anos, resolveram dar um basta nisso.

Conceito

É o sentimento de ser ofendido/a, menosprezado/a, rebaixado(a), inferiorizado(a), vexado(a), constrangido(a) e ultrajado(a) pelo(a) outro(a). É sentir-se um ninguém, sem valor, inútil. Magoado(a), revoltado(a), perturbado(a), mortificado(a), traído(a), envergonhado(a), indignado(a) e com raiva. A humilhação causa dor, tristeza e sofrimento.

A primeira matéria sobre a pesquisa brasileira saiu na Folha de S. Paulo, no dia 25 de novembro de 2000, na coluna de Mônica Bérgamo. Desde então, o tema tem sido presença constante nos jornais, nas revistas, no rádio e no televisão, em todo o país. O assunto vem sendo discutido amplamente pela sociedade, em particular no movimento sindical e no âmbito do Legislativo.

Atualmente, existem mais de 80 projetos de lei sobre esse assunto, e vários já foram aprovados, em diferentes municípios do país. Entre eles, destacamos: São Paulo, Natal, Guarulhos, Iracemápolis, Bauru, Jabo-ticabal, Cascavel, Sidrolândia, Reserva do Iguaçu, Guararema, Campinas; no âmbito estadual, o Rio de Janeiro, que desde maio de 2002 condena essa prática. Existem projetos em tramitação nos estados de São Paulo, Rio Grande do Sul, Pernambuco, Paraná, Bahia, entre outros. No âmbito federal, há propostas de alteração do Código Penal e outros projetos de lei (fonte: www.assediomoral.org).

3.7.6.1. O que Assédio Moral Provoca

- Chefes perversos.
- Gerentes arrogantes.
- Clima de terror.
- Perseguições.
- Prazos impossíveis de cumprir.
- Falta de reconhecimento.

- Rebaixamento hierárquico.
- Colegas individualistas.
- Desprezo.
- Sonegação de informações.
- Provocações.
- Boatos pessoais.

ATENÇÃO:

Se você já viveu alguma situação semelhante às descritas acima, você sofreu assédio moral.

A Organização Internacional do Trabalho (OIT) fez um levantamento recente que mostra distúrbios de saúde mental relacionados com as condições de trabalho em países como, Finlândia, Alemanha, Reino Unido, Polônia e Estados Unidos. As perspectivas são sombrias para as duas próximas décadas, pois, segundo a OIT e a Organização Mundial de Saúde (OMS), essas serão as décadas do mal-estar na globalização, em que vão predominar depressões, angústias e outros danos psíquicos relacionados com as novas políticas de gestão na organização do trabalho, que são as políticas neoliberais.

A mais comentada escritora sobre o assunto é a psicoterapeuta francesa Marie-France Hirigoven, autora do livro *Assédio Moral — A Violência Perversa do Cotidiano*. Em sua definição, considera-se assédio moral todo tipo de ação, gesto ou palavra que atinja, pela repetição, a autoestima e a segurança de um indivíduo.

3.7.6.2. Sintomas do Assédio Moral na Saúde

No Quadro 11, está exposto o resultado de entrevistas realizadas com 870 homens e mulheres vítimas de opressão no ambiente profissional, que revelam como cada sexo reage a essa situação (em porcentagem).

Quadro 11
Sintomas do Assédio Moral na Saúde

Sintomas	Mulheres %	Homens %
Crises de choro	100	–
Dores generalizadas	80	80
Palpitações, tremores	80	40
Sentimento de inutilidade	72	40
Insônia ou sonolência excessiva	69,6	63,6
Depressão	60	70
Diminuição da libido	60	15
Sede de vingança	50	100
Aumento da pressão arterial	40	51,6
Dor de cabeça	40	33,2
Distúrbios digestivos	40	15
Tonturas	22,3	3,2
Idéia de suicídio	16,2	100
Falta de apetite	13,6	2,1
Falta de ar	10	30
Vício de beber	5	63
Tentativa de suicídio	–	18,3

3.7.6.3. Reconheça o Chefe Tirano, o Mentor do Assédio Moral

• Está sempre de mau humor.

• É arrogante, mesquinho e vingativo.

• Não sabe elogiar, só dá bronca; acha que é único e especial e que tem sempre razão e não abre espaço para receber críticas.

• Repete todos os dias a mesma crítica até você pensar que realmente tem alguma coisa errada com você; grita, humilha e ofende em público.

- Não repassa as informações para os subordinados, ignora o funcionário, pára de falar com ele e só manda recados por terceiros.
- Marca tarefas com prazos impossíveis de serem cumpridos.
- Dá serviços sem importância, ignorando a sua qualificação (ex.: manda o contador cuidar de trocar água do bebedouro ou servir café para um cliente).
- Recebe os méritos pelo seu serviço bem-feito, mas não diz para ninguém que foi você quem fez.
- Coloca uma lente de aumento nos seus erros e diminui os seus acertos.
- Não valoriza os seus esforços.
- Tenta colocar um colega contra o outro.
- Espalha boatos contra você.

Fonte: Guia do "Tirano na Mira", do inglês Tim Field.

3.7.6.4. Frases Discriminatórias Freqüentemente Utilizadas pelo Agressor

- Você é mesmo difícil... Não consegue aprender as coisas mais simples! Até uma criança faz isso... e só você não consegue!
- É melhor você desistir! É muito difícil, e isso é para quem tem garra!! Não é para gente como você!
- Não quer trabalhar... fique em casa! Lugar de doente é em casa! Quer ficar folgando... descansando... de férias para dormir até mais tarde...
- A empresa não é lugar para doente. Aqui, você só atrapalha!
- Se você não quer trabalhar... por que não dá o lugar para outro? Aqui, você só atrapalha!
- Teu filho vai colocar comida em sua casa? Não pode sair! Escolha: trabalha ou toma conta do filho!
- Lugar de doente é no hospital... Aqui, é local de trabalho.

- Você trabalha ou vai a médico. É pegar ou largar... não preciso de funcionário indeciso como você!
- Pessoas como você existem aos montes aí fora!
- Você é mole... frouxo... Você não tem capacidade para trabalhar... Então, por que não fica em casa?

3.7.6.5. Atos que Caracterizam as Humilhações

- Começar sempre a reunião amedrontando quanto ao desemprego ou ameaçar constantemente com a demissão.
- Ignorar a presença do(a) trabalhador(a).
- Desviar da função ou retirar material necessário à execução da tarefa, impedindo o trabalho.
- Exigir que faça horários fora da jornada. Ser trocado(a) de turno sem ter sido avisado(a).
- Mandar executar tarefas acima ou abaixo do conhecimento do trabalhador.
- Voltar de férias e ser demitido(a) ou ser desligado(a) por telefone ou telegrama em férias.
- Hostilizar, não promover ou premiar colega mais novo(a) e recém-chegado(a) à empresa e com menos experiência como forma de desqualificar o trabalho realizado.
- Espalhar entre os colegas que o(a) trabalhador(a) está com problemas nervosos.
- Sugerir que peça demissão por motivo de saúde.
- Divulgar boatos sobre sua moral.

Fonte: www.assediomoral.org.

ATENÇÃO E IMPORTANTE!

Se você é testemunha de cena(s) de humilhação no trabalho, supere seu medo, seja solidário com seu colega. Você poderá ser "a próxima vítima" e, nessa hora, o apoio dos seus colegas também será precioso. Não esqueça de que o medo reforça o poder do agressor!

Lembre-se: o assédio moral no trabalho não é um fato isolado. Como vimos, ele se baseia na repetição ao longo do tempo de práticas vexatórias e constrangedoras, explicitando a degradação deliberada das condições de trabalho em um contexto de desemprego, dessindicalização e aumento da pobreza urbana. A batalha para recuperar a dignidade, a identidade, o respeito no trabalho e a auto-estima deve passar pela organização de forma coletiva através dos representantes dos trabalhadores do seu sindicato, das Comissões Internas de Prevenção de Acidentes (CIPAs) e Delegacias Regionais do Trabalho.

Para mais informações, visite o site: www.assediomoral.org.

UMA MENSAGEM DE FORÇA E SUPERAÇÃO

Imagine
Imagine um lugar para trabalhar
onde o medo foi substituído
pela esperança e confiança.

Onde todos os empregados acreditam
que a empresa também é deles.

Onde nós controlamos os processos
e não as pessoas.

Onde nós encaramos os problemas
como oportunidades e os enfrentamos
procurando descobrir o que está errado
e não quem errou ou é culpado.

Onde nós medimos os sistemas
em vez de pessoas e definimos
procedimentos em vez de autoridade.

Onde nós perguntamos: "Como posso
ajudá-lo?", em lugar de dizer:
"Isto não faz parte do meu trabalho".

Imagine uma empresa onde trabalhamos
juntos, como uma equipe, para sermos o
melhor dentre os melhores.

Onde buscaremos um resposta para cada
problema, em vez de vermos um problema
em cada resposta.

Onde o único erro é repetir um erro,
e a única verdadeira falha
é a falha de não tentar.

Imagine uma empresa onde os gerentes
são professores, auxiliares,
em vez de simplesmente chefes, feitores.

Onde temos disciplina nos processos,
em vez de disciplinarmos os empregados.

Onde o significado da palavra
"responsabilidade"
está vinculado a uma obrigação de
contribuir e não ao exercício do
autoritarismo.

Imagine um ambiente construído sobre
uma base de confiança e respeito.

Onde as idéias de todos são bem-vindas
e os empregados são valorizados
não só pelo seu trabalho físico,
mas também pela contribuição intelectual.

Imagine uma empresa,
onde o pessoal diz:
"Pode ser difícil, mas é possível",
em vez de "pode ser possível,
mas é muito difícil".

Imagine uma empresa
onde o medo de ser franco,
leal e honesto foi substituído
por um ambiente de franqueza, sem medo."

Teodore Lowe

Imagine, acredite e pratique o Elogio!

MENSAGEM FINAL

Elogiar...para quê?

Elogiar é importante não só para se ter nas organizações e nas famílias pessoas motivadas e para se ganhar mais dinheiro através delas, mas essencialmente para vermos e termos seres humanos em mais harmonia consigo mesmo (auto-amado e estimulado), com os outros, com as diversidades do mundo, na caminhada "solo" com o ambiente e com o ecossistema, em que ele está inserido como ator principal da vida.

Você é um supercraque! Você sempre foi sucesso!

Você é insubstituível!

Dez Motivos para um Elogio Sincero

1. Todo mundo precisa de um elogio sincero para aumentar a própria auto-estima.
2. Todo mundo quer um elogio sincero para sentir que é importante em um grupo.
3. É um caminho para se conseguir um comportamento desejado de outra pessoa.
4. Aumenta a produtividade das pessoas.
5. Ajuda a fortalecer amizades novas e antigas.
6. Aumenta a resistência física e psicológica das pessoas contra doenças e desânimo.
7. Melhora a postura pessoal e protege as pessoas contra o estresse e a pressão da vida moderna.
8. Incrementa a identidade profissional para o sucesso.
9. Aumenta o valor da imagem profissional de quem recebe e dá mais poder pessoal a quem emite.
10. E ...é de graça!

Imagine a falta que você faria para todos que o amam se você fosse embora! Acredite no poder do elogio, pois Deus está por trás de todos **os elogios sinceros.**

Avante, AMIGO!

3.8. Quando Chegarmos ao Final ou Alcançarmos o Objetivo, qual Será a Ética Praticada até lá?

Temos a opção de decidir pela glória ou pela tragédia nos locais de trabalho. A visão atual é a de que os fundadores, os sócios majoritários e os CEOs das empresas e das organizações públicas ou privadas perdem seu desejo de crescimento e realização pessoal ao longo do tempo. Assim, passam a operar um sistema de escassez, do perde-ganha, do ganha-perde, ao invés de operar o ganha-ganha, o sistema da abundância que no início era desejado, ficando subordinados à busca do todo-poderoso real, pesetas, marco, yen, dólar etc.

O que é mais terrível e assustador é que os prêmios de Qualidade, os Certificados Internacionais de Padrão de Qualidade tomam técnicas impostas para só alimentar a produtividade, em vez de serem um **fim em si próprios**.

Estamos em uma encruzilhada da economia mundial, à qual podemos chamar de **um Grande Portal** de mudanças sociais, antropológicas, tecnológicas e do mercado financeiro, em que a quebra das bolsas, as fusões, as tomadas de controle de *déficits* por grandes instituições acontecem a todo instante.

O portal já foi um dia o pós-Segunda Guerra Mundial. Agora, esse ponto de mutação nos remete a esse instante. Existe aqueles que não aceitarão enxergar a realidade da dimensão intrapessoal ou interpessoal, enfim, a dimensão afetiva nas organizações, e ainda esses "cegos" dirão:

> ...*Se pudermos melhorar nossa produtividade, podemos recuperar nossas margens e competitividade.*

Infelizmente, a busca pela maior produtividade e resultado tem-se revelado em receitas que arrasam com o Clima Organizacional. Nessa Cultura Organizacional, ainda vale a do Mais Rápido e do Maior. Uma verdadeira busca de superlativos.

Assim, Fritjof Capra reproduziu as palavras de Lao Tsé, líder chinês, mil anos antes de Cristo:

Para contrair uma coisa, devemos, certamente, primeiro expandi-la.

Para enfraquecê-la, devemos, certamente, primeiro fortalecê-la.

Para derrotá-la, devemos, certamente, primeiro exaltá-la.

Para despojá-la, devemos, certamente, primeiro presenteá-la.

Essa é a chamada sabedoria sutil.

Temos, nesse exato instante, de nos dar a chance para uma introspecção séria e importante:

> *Não queremos apenas estímulos externos, não queremos só sermos rotulados como sendo de uma tendência de Cultura Organizacional, Comportamental ou Científica. Queremos que o espírito Humanista nos engaje na questão do "além para onde vamos", mas sobre o que "esperamos encontrar lá"?*
>
> *Ao contrário de querermos ser o maior, devemos querer ser o melhor. Ser o melhor significa ir além de produzir a melhor qualidade. Significa ser o melhor de "como" produzimos as coisas neste mundo. Dessa forma, ficaremos famosos como a organização e a empresa onde pessoas de todos os níveis são consideradas e tratadas de forma decente, pois o trabalho é tido como um fim em si mesmo.*
>
> *Ou seja, um local onde as pessoas e a cultura organizacional dão e recebem prazer por prazer, desde os donos, os patrões, os acionistas, os membros do conselho, os sócios-diretores até o mais humilde dos funcionários.*
>
> *Todos diante do novo Portal por onde o Ser Humano e suas criações passam, mergulhados na Dimensão Além-dos-Produtos-e-das-Estatísticas e também na Dimensão Afetiva, seja em Empresas Sigma 1, seja em Empresas Sigma 2, Fazendo a Diferença, com 100% trabalho e 100% diversão.*

Capítulo 4

T'aichi T'u ou Diagrama do Supremo Fundamento da Harmonia

Empregados

Empresários
Patrões
Chefes
Líderes

T'aichi T'u

O T'aichi t'u é a representação gráfica da natureza cíclica, dinâmica e incessante, tanto do mundo físico e material, quanto do psicológico, emocional e social. Os chineses atribuem a essa figura a ideologia dos opostos em equilíbrio. Quando o Yin "cessa" ou "atinge seu clímax", este se retira em favor do Yang, assim sucessivamente, e vice-versa. Todas as transições ocorrem gradualmente e em uma progressão ininterrupta entre o Yin e o Yang, conforme mostrado no Quadro 12.

Quadro 12

Harmonia das Diferenças

YIN	YANG
O meio ambiente	O eu
Noite	Dia
O intuitivo	O racional
O não-linear	O linear
Inverno	Verão
Umidade	Secura
Interior	Superfície
Empregado	Empresário

Essa filosofia é a Nova Ordem a ser seguida pelas famílias, pelas comunidades e pelas organizações.

Anexos

ANEXO I

DICA PARA UM EMPREGADO

Pratique ser amigo de todos. Não espere pelas melhores condições na vida. Trace seus planos pequenos, médios e grandes, de curto, médio e longo prazos. Acredite em você e nos seus sonhos. E todos os dias veja-se lá.

Descubra seus melhores dons. Faça o que você gosta ou aprenda a gostar do que faz. E, assim, focado nos seus planos pessoais e profissionais, com a certeza do sucesso em mente e no coração, você sempre estará motivado.

DICA PARA UM EMPREGADOR

Não faça de contas que o Clima Organizacional é bom. Certifique-se disso...

ANEXO II

A "CONSCIÊNCIA" DA MOTIVAÇÃO

Perguntas aos Empresários, Líderes, Gerentes e Dirigentes

Respostas: (1) Nunca; (2) Mais ou Menos; (3) Sempre

1. Você pratica adentrar e percorrer os setores constantemente, criando um contato mais aberto e pessoal com funcionários? ( )
2. Você pratica oferecer benefícios sociais em folha de pagamento aos seus funcionários, como: salário-educação, auxílio-creche, babá, funeral, seguro de saúde, vales-alimentação e refeição etc.? ( )
3. Você pratica reconhecer o mérito em público de forma incondicional quando funcionários de qualquer área ou setor se destacam? ( )
4. Você pratica manter um canal de diálogo e conversa com qualquer funcionário a qualquer hora? ( )
5. Você pratica participar das festas de aniversário, celebrações e coquetéis dentro da empresa? ( )
6. Você pratica incentivar as pessoas ao autodesenvolvimento dentro e fora da empresa nos aspectos pessoal e profissional? ( )
7. Você pratica saber se a quantidade e a qualidade de tarefas por funcionário estão ou não dentro de um limite bom para a empresa e para o funcionário? ( )
8. Você pratica saber a qualidade do Clima Organizacional que tem hoje a sua Empresa e age para melhorá-lo? ( )
9. Você pratica descentralizar tomada de decisão e lançar novas responsabilidades aos seus funcionários? ( )
10. Você pratica dar estímulos financeiros e não-financeiros aos seus funcionários? ( )
11. Todos os funcionários conhecem a Visão, a Missão, os Objetivos e as Metas da sua empresa? ( )

Se a sua soma ficar:

33-27 pontos:	Você pratica bem alguns princípios da Motivação na sua Empresa.
26-16 pontos:	Você pratica mais ou menos alguns princípios da Motivação na sua Empresa.
15-11 pontos:	Perigo! Você precisa entender mais sobre o Ser Humano da sua Empresa.

ANEXO III

A "CONSCIÊNCIA" DA MOTIVAÇÃO

Perguntas aos Empregados

Respostas: (1) Nunca; (2) Mais ou Menos; (3) Sempre

1. Você tem bem-definidas suas metas pessoais e profissionais para os próximos dois, três, cinco e dez anos? ( )
2. Você sabe exatamente no que é bom? ( )
3. Você sabe exatamente no que precisa melhorar e trabalha para isso? ( )
4. Você fez este ano mais amigos na sua vida? ( )
5. Você freqüenta sempre e participa dos eventos sociais da empresa, integrando-se a equipes e a grupos de ação? ( )
6. Você está satisfeito com seus resultados pessoais obtidos até hoje? ( )
7. Você sabe a importância exata do seu papel nas atividades da empresa? ( )
8. Você sempre extrapola o que lhe é dado como tarefa, entregando um algo mais? ( )
9. Você está sempre de alto-astral e entusiasmado? ( )
10. Você gosta da função que exerce? ( )
11. Você sabe qual a Missão, a Visão, os Objetivos e as Metas da sua empresa? ( )

Se a sua soma ficar:

33-27 pontos:	Você tem uma boa motivação. Parabéns!
26-16 pontos:	Você precisa definir várias questões pessoais e profissionais e aumentar a autoconfiança.
15-11 pontos:	Sua motivação é praticamente inexistente. É preciso cuidar da sua auto-estima e metas agora mesmo.

Cursos, *Workshops* e Projetos por Silvio Broxado

SEMINÁRIO: DESCUBRA SEU PODER PESSOAL

- Entendendo o poder da fisiologia.
- Entendendo o poder da linguagem consigo próprio.
- Entendendo o poder das metas e das crenças pessoais e profissionais de curto e longo prazos.

CURSO SOU ALÉM DE CHEFE, SOU LÍDER

- Conceitos de liderança no mundo globalizado.
- O relacionamento interpessoal com escalões da empresa.
- A postura profissional do bom líder.
- Os tipos de falso líder.
- Os pré-requisitos básicos de um líder holístico e não-setorial.

WORKSHOP É HORA DE RELAXAR!, RUMO À UNIVERSIDADE

- A Vivência em dinâmica de grupo para *alunos de pré-vestibular*, com o objetivo de falar sobre superação, autoconfiança e alta *performance* no mundo globalizado, com a prática de relaxamento e respiração.

PALESTRAS-SHOW E CURSOS:

- Socorro, o Cliente Sumiu! – (Relacionamento com clientes e atendimento).
- Nem Monge Nem Executivo – (Liderança).
- Profissional Diferenciado e Motivado – (Motivação).

- Sou seu Cliente, Sabia? – (Espírito de Time).
- Quem Boliu no meu Munguzá? – (Mudanças)
- A Faca e o Queijo em Vendas – (Melhoria em vendas).
- O Poder do Elogio nas Organizações – (Produtividade e motivação).
- Contagem Progressiva – (Motivação).
- Faça a Diferença Agora – (Plano de Ação Pessoal).
- Nós Fazemos a Diferença – (Cooperação).
- E aí...Tá Motivado – (Motivação).
- A Verdadeira Motivação na Empresa.

PROGRAMAS DE MOTIVAÇÃO, RECOMPENSAS E RECONHECIMENTO DO MÉRITO

- Meu Milésimo Gol.
- No Limite da Qualidade.
- No Limite do Engajamento.
- Superação.
- Atac – Ação Total ao Cliente.
- Eu Faço a Diferença.
- O Supermotivado.
- CRACH – Comprometimento, Relacionamento, Atitudes Novas, Cooperação, Habilidades.

CONSULTORIA EM

- Planejamento estratégico.
- Cargos e salários.
- Projetos de *endomarketing* (*Happy-Hour* da qualidade, Fale com o Diretor, Tudo/...Todo ótimo!, criação de *newsletter*, *house-organ* e jornalzinhos etc.).

- Liderança situacional e *coaching*.
- Vendas internas, vendas externas e *business to business*.
- Qualidade de Serviços e processos – 5'S – Qualidade de Vida.

SERVIÇOS VOLUNTÁRIOS EM ESCOLAS PÚBLICAS

- É hora de relaxar rumo à universidade.
- Empregabilidade.

LIVROS

- Faça a diferença agora!
- E aí,... Tá Motivado?
- O Poder do Elogio.
- A Verdadeira Motivação na Empresa.
- Nem Monge Nem Executivo – Você, o Líder! (no prelo).

Mais informações sobre Consultoria, Treinamentos e Palestras de Silvio Broxado, contactar:

SILVIO BROXADO TREINAMENTO E DESENVOLVIMENTO

Fone/Fax: (0xx81) 3078-0071 ou (0xx81) 3223-0359

Celular: (0xx81) 9966-0005 (Silvio) e 9621-1667 (Fabíola)

E-mail: silviobroxado@yahoo.com.br

ou pelo site: www.silviobroxado.com

Bibliografia

ADRIANO, Silva. Fraternidade. Exame, São Paulo, ed. 656, nº 5, fev. 1998.

ALVES, Sérgio. *Revigorando a Cultura da Empresa*. São Paulo: Makron Books do Brasil, 1997.

BERGANINI, Cecília Whitaker. *Motivação*. São Paulo: Atlas, 1993.

BLANCHARD, Ken; O'CONNOR, Michael. *Managing By Values*. San Francisco: Barrett-Koehler, 1997.

CONELLAN, Thomas K. *Inside the Magic Kingdom*. Texas: Bard Press, 1996.

HELLER, Robert. *Motivating People, Darling Kindersley*. London: UK, 1998.

MASLOW, Abraham H. *Motivation and Personality*. New York: Harper & Row, 1970.

MORRIS, Betsy. *Doug is it*. Fortune, EUA, v. 137, nº 10, maio 1998.

MONTENEGRO, Devaldo. Escola Técnica Federal de Pernambuco, p. 2, 1998.

PUENTE, Miguel de La. *Tendências Contemporâneas em Psicologia da Motivação*. São Paulo: Cortez, 1982.

PISANI, Eliane Maria. *Psicologia Geral*. Petrópolis: Vozes, 1992.

REINCKE, Mercedes. *Da Teoria à Prática*. HSM Management, São Paulo, nº 4, set./out. 1997.

_____. *Da Teoria à Prática*. HSM Management, São Paulo, nº 7, mar./abr. 1998.

_____. *A Excelência e o Hambúrguer*. HSM Management, São Paulo, nº 8, mai./jun. 1998.

TOLOVI, Jr., José. *O que Aconteceu com as Empresas.* Exame, São Paulo, set. 1998.

TORRES, Ofélia de Lanna Sette. *O Indivíduo na Organização.* São Paulo: Atlas, 1996.

CAPRA, Fritjof. *Ponto de Mutação,* São Paulo: Cultrix, 1982. CAPRA, Fritjof. *O Tao da Física.* São Paulo: Cultrix, 1975.

LEVERING, Robert. *Um Excelente Lugar para se Trabalhar.* Rio de Janeiro: Qualitymark, 1997.

CARNEGIE, Dale. *Como Fazer Amigos e Influenciar Pessoas.* São Paulo: Cia. Editora Nacional, 1981.

GROUDARD, Benoit. MESTON, Franci. *Empresa em Movimento.* São Paulo: Negócio Editora, 2001.

NICHOLSON, Nigel. *Instinto Executivo.* Rio de Janeiro: Ed. Campos, 2000.

MEYER, Carolina. *O Ponto de Equilíbrio.* Exame, São Paulo, edição 893, ano 41, nº 9, 23/5/2007.

TEICH, Daniel Hessel; CARVALHO, Denise. *O DNA das Matadoras.* Exame, São Paulo, edição 893, ano 41, nº 9, 23/5/2007.

PIMENTA, Ângela. *Manual para Sobreviver aos Babacas.* Exame, São Paulo, edição 893, ano 41, nº 9, 23/5/2007.

HESSEBLEIN, Frances; GOLDSMITH, Marshall; SOMERVILLE, Lain. *Liderança para o Futuro.* São Paulo: Ed. Futura, 2001.

ROBBINS, Anthony. *O Poder sem Limites.* São Paulo: Ed. Best Seller, 1995.

BROXADO, Silvio. *O Poder do Elogio.* Recife: Ed. Livro Rápido, 2007.

_____. *E aí,...Tá Motivado?* Recife: Ed. Livro Rápido, 2005.

HYBELS, Bill; BLANCHARD, Ken; HODGES, Phill. *Liderando com a Bíblia.* Rio de Janeiro: Ed. Campos, 2001.

Motivação
Hoje e Sempre

Autor: Paulo Henrique de Araújo
Nº de páginas: 184
Formato: 16 x 23cm

Motivação Hoje e Sempre foi pensado para ser um livro de cabeceira, no qual podem ser encontradas reflexões rápidas e de aplicação prática no cotidiano.

Paulo Araújo, com uma linguagem simples e eficaz, ensina como fazer a diferença no ambiente de trabalho e na vida pessoal, despertando o entusiasmo e ajudando a desenvolver talentos.

São cerca de 50 pequenas crônicas e reflexões, com exercícios ao final de cada uma delas, sempre procurando despertar o leitor para o fato de que a motivação é o grande diferencial profissional nos dias atuais.

Gestão de Pessoas
Nas Micros, Pequenas e Médias Empresas

Autor: Luiz Paschoal
Nº de páginas: 156
Formato: 16 x 23cm

A obra tem seu foco voltado para a essência da Gestão de Pessoas como questão estratégica para a empresa, um desafio enfrentado pelos dirigentes.

Para o autor, empresários, chefes, colaboradores, enfim, todos que estejam envolvidos, fazem parte de um mesmo esforço e formam uma parceria natural. Essa forma de pensar foi validada pelos novos tempos e permeia todo o livro.

Trabalhar com pessoas e gerar lucros é o grande desafio do Gestor de RH. Por isso, essa obra é recomendada para acadêmicos, profissionais de Recursos Humanos e de outras áreas que estejam diariamente atuando e gerenciando pessoas. Os efeitos da boa Gestão de Pessoas nos resultados das empresas são inquestionáveis.

O autor nos mostra que, para obter excelentes resultados, faz-se necessário o envolvimento de corpo e alma de todos os colaboradores, e para isso adotar uma filosofia de trabalho e um conjunto de práticas consistentes é o primeiro passo.

4 C's para Competir com Criatividade e Inovação

Autora: Maria Inês Felippe
Nº de páginas: 196
Formato: 21 x 21cm

O livro é de fácil leitura, compreensão e aplicação, sendo muito útil para as organizações, para qualquer profissional que deseje exercitar em si e em seus funcionários seu potencial criador, seu sentido inovador de vida, o ócio e o trabalho até configurar um estilo de pensar, comunicar e administrar equipes eficazes e coesas de trabalho. Os leitores encontrarão em suas páginas um diálogo fluído com sua própria criatividade através da criatividade de sua autora.

A autora faz nesta obra orientações práticas e dinâmicas que saltam aos olhos nos múltiplos casos, exercícios de aplicação e teste de autodiagnóstico em cada capítulo.

Este livro é de grande utilidade não só para o mundo empresarial, mas também para toda ação organizacional, pessoal ou comunitária, que poderá encontrar o instrumento para o desenvolvimento do potencial criativo e inovador até o caminho para a reflexão pessoal que possibilita a mudança.

O objetivo desta obra é dar ao leitor orientações e exercícios de auto-análise, assim como ativar a sua criatividade, favorecendo o pensar e o agir criativamente, sem esquecer da responsabilidade de analisar a realidade, aplicando cuidadosamente os conteúdos em funções gerenciais, desenvolvendo equipes e criando mecanismos de desenvolvimento da organização. Um verdadeiro guia para viver melhor.

Entre em Sintonia com o Mundo

QualityPhone

0800-263311

📞 Ligação Gratuita

Qualitymark Editora Ltda.

Rua Teixeira Júnior, 441. São Cristóvão.
CEP 20921-405 – RJ
Tel.: (0XX21) 3860-8422 ou 3295-9800

Fax: (0XX21) 3295-9824

www.qualitymark.com.br
E-mail: quality@qualitymark.com.br

DADOS TÉCNICOS

FORMATO:	16 x 23
MANCHA:	12 x 19
CORPO:	11
ENTRELINHA:	13,2
FONTE TÍTULO:	Galliard
FONTE TEXTO:	Microsoft Sans Serif
TOTAL DE PÁGINAS:	160
2ª EDIÇÃO	Julho de 2008
GRÁFICA:	Vozes